賃金決定の
基礎知識

日本賃金研究センター **武内 崇夫** [著]

経営書院

はしがき

　本書は賃金の基礎を学びたい、いわば賃金初心者のために書かれた賃金の入門書です。これから賃金の実務に携わる労使の担当者に読んで貰いたいと思います。

　賃金問題は今、大きな変革期にあります。このような時こそ賃金の本質を知り、来るべき社会経済の変動に的確に備える必要があります。そこで本書は賃金決定の基礎知識のみならず、賃金関連用語の解説、賃金政策のあり方、実務課題の解決など、やや欲張ったテーマを幅広く取り上げています。賃金問題を賃上げや人件費の管理と矮小化してとらえる傾向がありますが、それは大きな間違いです。筆者は、賃金は人材への投資である、と考えています。"企業は人なり"と言いますが、まさに人材なくして企業の成長・発展はあり有りません。人材を育て、人材を活かしていくためには、賃金を正しく決めていく必要があります。賃金には社会性とともに企業性の2つの側面があります。どちらも重要であり、一方に偏ることは許されません。賃金の実務に携わる人は、賃金の考え方を十分理解しておくと同時に、課題を整理し、勇気をもって課題を解決していかねばなりません。

　少子高齢化、65歳雇用延長、女性の活用、同一労働同一賃金の実現など賃金決定を取り巻く環境が大きく変化する中で、今、多くの企業が賃金・人事制度の改革に取り組む必要に迫られています。制度の改革は今後とも進める必要がありますが、従業員の共感が得られなければ上手くいきません。社員の共感を得るためには、賃金の基本を理解し、理論的に制度を構築し

なければなりません。間違った理解と無理論の制度では従業員の共感を得られないばかりか、運用で必ずつまずく確率が高いと言えます。労使の賃金担当者は、まず自社の現状と問題点を正確に把握し、自社の組織風土に適し、社員が意欲を持てる制度づくりを心掛けなければなりません。そのためには、賃金・人事制度の仕組みやそこで使われる用語はもとより、賃金問題の背景や本質を正しく理解することが大切です。

　本書は第1章「賃金の基礎知識編」から、第2章「用語解説編」、第3章「政策編」、第4章「実務編」、第5章「随想編」の5章から構成されています。基礎知識編では賃金担当者が身に着けておくべき賃金の基本をいくつかの側面から解説しています。用語解説編では、類似している賃金の用語を取り上げ、違いや正しい使い方を解説しています。政策編では、今後予想される賃金上の問題である同一労働同一賃金などの直面する課題への取組みの必要性と実務上の問題について触れています。実務編は、実際に筆者が受けた賃金管理上の実務問題にQ＆A形式で解決のあり方を説明しています。随想編は筆者が最近の賃金問題に関しての意見を述べたものです。個人的な主張もありますが、読み物として軽い気持ちで読んでもらいたいと思います。

　以上のように本書の構成は、1章から5章まで、テーマ順に並べてありますが、賃金問題は重複しているので、必ずしも順を追って読んでいく必要はありません。ただし、できれば第1章の基礎知識編と第2章の用語解説編だけは目を通して欲しいと思います。賃金のイロハだからです。勿論、必要に応じて関心のテーマを拾い読みしてもらっても構いません。その様な読み方、使い方をすることを想定し、他の編のテーマと重複する

解説をしたものが少なくありません。予めご承知おきください。

　なお、賃金決定のベースとなる賃金・人事制度の理論は日本賃金研究センター名誉顧問（元代表幹事）楠田丘先生の理論に基づいており、筆者の実務経験を踏まえて解説したことをお断りしておきます。

　本書を読んで頂ければ、賃金決定の基本を理解していただけるとともに、今労使が直面している賃金問題への取り組みのヒントが得られるのではないかと思っています。知識や理論のみならず、実務上の課題についても、図表を使ってできるだけ平易に解説したつもりです。感想をお聞かせ頂けたら幸いです。

　2018年6月

　　　　　　　　　　　　　　　　　　　　　　　　武内崇夫

目　次

はしがき

第1章　基礎知識編……………………………………………… 1

第1節　賃金とは何か………………………………………… 2

　1．賃金とは何か…………………………………………… 2

　2．人事管理の狙いと賃金………………………………… 3

第2節　賃金問題の3つのポイント………………………… 6

　1．賃金管理の要件………………………………………… 6

　2．3種類の賃金…………………………………………… 7

　3．目的に応じた使い分け………………………………… 9

第3節　賃金体系のあり方……………………………………11

　1．能力主義と成果主義……………………………………11

　2．能力基準と仕事基準の賃金……………………………12

　3．能力主義賃金のカーブと問題点………………………13

第4節　賃金の高さの判断……………………………………16

　1．賃金統計との比較………………………………………16

　2．生計費統計との比較……………………………………17

　3．準拠指標…………………………………………………18

第5節　基本給と手当…………………………………………20

　1．基本給と手当の関係……………………………………20

　2．基本給の構成……………………………………………21

　3．手当のあり方……………………………………………23

第6節　賃金カーブの修正……………………………………25

　1．これまでの賃金カーブの特徴…………………………25

2．賃金体系の変更······················27

　　3．賃金表による管理····················30

第7節　昇級とベアの違い····················33

　　1．賃上げの中身······················33

　　2．ベアと昇給の性格と機能················34

　　3．昇給と定昇······················36

第8節　定期昇給の性格と機能·················38

　　1．定期昇給の特徴····················38

　　2．昇給と定昇の違い···················39

　　3．定昇の目減りとは···················40

第9節　賃金表の種類と特徴··················43

　　1．賃金表の必要性と2つのタイプ············43

　　2．レンジシートの3つのタイプ·············44

　　3．4つの賃金表・・・その性格と機能··········45

第10節　賃金の支払い形態···················49

　　1．賃金の支払い形態とは·················49

　　2．支払い形態はどうして決まるのか···········50

　　3．月給制が一般的だが·················51

第11節　賃金と人事考課····················53

　　1．賃金決定と人事考課の関わり·············53

　　2．人事考課の仕組みと処遇の関係············54

　　3．相対区分と絶対区分·················56

第12節　賃金と賞与・一時金·················59

　　1．賞与・一時金の性格·················59

　　2．業績連動賞与····················62

　　3．成果配分賃金····················64

第13節　賃金と退職金·····················66

v

1．退職金の役割と課題…………………………66

　　2．ポイント制退職金………………………………67

　　3．前払い退職金……………………………………69

第2章　用語解説編……………………………………71

■賃金と給料………………………………………………72

■賃金と俸給………………………………………………72

■能力と実力………………………………………………73

■平均と中位数……………………………………………75

■基本給と手当……………………………………………76

■所定内賃金と基準内賃金………………………………77

■ベアと昇給………………………………………………78

■定昇延期と定昇中止……………………………………79

■評価と査定………………………………………………81

■賃率と賃上げ率…………………………………………83

■人事管理と労務管理……………………………………84

■平均賃金と個別賃金……………………………………84

■年齢給と年功給…………………………………………86

■能力主義と成果主義……………………………………87

■昇格と昇進………………………………………………89

■相対考課と絶対考課……………………………………90

■成績と業績………………………………………………91

■モデル賃金と実在者賃金………………………………92

■賞与と一時金……………………………………………92

■付加価値と経常利益……………………………………93

第3章　政策編……………………………………………95

第1節　同一労働同一賃金の実現……………………………96

第2節　65歳定年時代の人事・賃金政策………………… 101

第3節　成果主義（仕事基準賃金）導入の要件………… 103

　1．賃金決定の3要件………………………………… 103

　2．能力主義と調和した成果主義を……………… 104

　3．ステージ別の賃金体系を……………………… 106

第4節　職種別賃金導入の条件……………………………108

　1．職種基準の賃金決定…………………………… 108

　2．職種別のスキル基準と賃金水準……………… 110

　3．職種別賃金体系の設計………………………… 112

　4．労働市場の変化と職種別賃金………………… 113

第5節　家族手当の見直し…………………………………115

第6節　賃金カーブの修正…………………………………117

第7節　女性の積極活用策…………………………………120

第8節　初任給政策のあり方………………………………122

第4章　実務編Q＆A……………………………………… 125

　1．中途採用者の賃金の決め方…………………… 126

　2．役割給の導入と設計上の留意点……………… 131

　3．男女間の賃金格差を是正するには…………… 137

　4．賃金カーブを早期立ち上げに修正し、中だるみの
　　　是正を図りたい………………………………… 142

　5．手当の廃止に伴う原資はどう取り扱うべきか……… 146

　6．賞与を計算する際の賃金に手当は含めるべきか…… 151

　7．賃金体系を変更せず、定昇額を見直す場合の賃金
　　　表改定のポイント……………………………… 155

　8．パートタイマーの賃金決定ルールを定めたい……… 160

vii

9. 個別賃金交渉の手順と留意点……………………………… 165

10. 住宅手当の廃止と基本給への吸収方法……………… 170

11. 賃上げと生産性の考え方とその指標……………………… 175

12. 家族手当の見直しの背景と今後の方向……………… 178

13. 人事院標準生計費を賃金分析に利用する場合の留
    意点…………………………………………………………… 181

14. 公的資格保有手当の整理…………………………………… 186

15. パートと正社員の均衡処遇を図るには……………… 191

16. 職能資格の増設に伴う移行格付け・賃金レンジの
    調整の仕方…………………………………………………… 195

第5章　随想編（賃金雑感）………………………………… 201

1　賃金の社会性………………………………………………… 202

2　手当は本当に必要か……………………………………… 204

3　初任給決定の今昔………………………………………… 206

4　賃金体系に絶対的成功モデルはない……………… 208

5　賃金意識を変える………………………………………… 210

6　賃金の支払い形態について……………………………… 211

7　賃金は人材への投資……………………………………… 213

8　日本の人事を一字で表すと……………………………… 215

9　社員区分の多様化と処遇………………………………… 217

10　人口減社会の採用事情…………………………………… 220

11　評価制度の納得性………………………………………… 222

12　職能資格制度は年功制度か……………………………… 225

13　年功に対する誤解………………………………………… 227

14　人手不足時代の人事戦略………………………………… 229

15　基礎研究（知識）の重要性……………………………… 231

あとがき

第1章

基礎知識編

賃金担当者が身に着けておくべき賃金決定の基礎知識について、13の節に分けて解説しています。基礎知識と断っていますが、本書の読者が実務家であることが予想されることから、実務的な側面からの解説を心掛けています。賃金初心者であっても理解が深まるよう可能な限り、図表を入れてあります。

● 第1節　賃金とは何か
～賃金は何を基準に決まっているのか～

1．賃金とは何か

　まず、最初に賃金とは何かについて、考えてみましょう。手元の辞書によると、「賃」とは、「人や物を使って払う代金」と記述されています。つまり、賃とは料金を意味しています。私たちの周りを見渡しても、うなずける例がたくさんあります。タクシーや電車の料金は運賃、アパートや建物の賃貸料金は家賃、家の修理などの料金は労賃、物を作ってもらう料金は工賃など、賃が良く使われています。このように賃金とは料金を意味している訳ですが、雇用の場における賃金とは、一体何を指しているのでしょうか。労働基準法では、「賃金は労働の対償である」（第11条）としています。労働基準法では、労働の対価としての料金が賃金だとしているのです。つまり、労働の取引料金、価格が賃金なわけです。物やサービスを取引するときには、必ず料金が間に入ります。価格のない取引はありません。辞書では人や物と書いてありますが、この場合の人は、雇用における人ですから、当然、労働と考えることができます。

　では、賃金は労働の対価とのみ考えればいいのでしょうか。労働基準法は、総則で「労働条件は労働者が人たるに値する生活を営むための必要を充たすものでなければならない」（第1条）と定めています。労働対価と同時に、生活保障も条件になるわけです。

　賃金とは、労働の対価ですが、労働の担い手は労働力です。したがって、賃金とは労働または労働力の対価であるというこ

2

とができます、労働とは仕事であり、労働力とは能力ですから、仕事や能力の値段であるということもできるわけです。間違っても、人間の値段ではありません。人間の一部である、仕事や能力の値段であるわけです。しかも、働く時間は所定労働時間と決まっています。現在は労働基準法第32条で一日8時間一週40時間を超えて労働させてはならないとなっています。この法定労働時間を超えて働かせる場合は、個人の生活時間を犠牲にするところから、時間外割増賃金を支払わなければなりません。賃金とは、労働または労働力の取引価格です。この点を確認しておきたいと思います。これを前提に、以下では賃金の決め方や運用にかかわる事項について考えていきます。

2．人事管理の狙いと賃金

　賃金は労働または労働力の値段（対価）です。では、労働と労働力のどちらの要素で賃金を決めるべきでしょうか。その結論の前に、人事管理の狙いとの関連から賃金の決定基準を考えてみたいと思います。組織が人を採用し、人材の育成・活用、そして公平処遇を実現するために行われるのが人事管理です。その人事管理が取り扱う材料は3つあります。人、仕事、賃金です。人事管理の狙いは、3者の均衡を図ることにあります。この場合の人とは、能力（人材）です。身につけている能力と、担当している仕事、支給している賃金が均衡（バランス）が取れていれば問題はありません。バランスが崩れると、企業にとってのみならず、働いている者にも問題が発生します。

図表1　人事管理のねらい……人、仕事、賃金の高位均衡

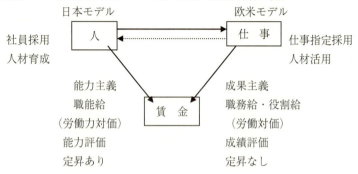

　均衡を図るとしても、低レベルの均衡では、企業の成長も働く者の生活の向上も実現できません。高位での均衡を図るべきでしょう。人材の質も高い。したがって、仕事のレベルも高く生産性も高い。よって高賃金。これが望ましい姿です。すなわち、人事管理の狙いは高位均衡の実現におかれるべきです。では、高位均衡を実現するための条件はなんでしょうか。それは人も仕事も成長していくことで実現できます。成長こそがキーワードです。人事管理の狙いは成長高位均衡にあると言えます。3者の成長を実現するには、人を基準に賃金を決めるべきでしょうか。それとも仕事基準を基準に決めるべきでしょうか。どちらを選択するかによって、賃金制度の設計は異なってきます。人基準の賃金の決め方を能力主義といいます。なぜなら、人材の価値は、その人の可能性すなわち身につけている能力によって決まるからです。これに対し、仕事基準の賃金の決め方は成果主義（または職務主義）と呼ばれます。なぜなら、仕事の結果は業績を通して組織の成果に影響を及ぼすからです。

第1章　基礎知識編

　仕事で賃金を決めるためには、予め職務を評価し、仕事に値段をつけ、仕事を指定して採用する必要があります。入社してから仕事を決めるわけにはまいりません。採用時に仕事に必要な能力を身につけていることが採用の条件になります。人材の活用が人事管理の狙いとなり、評価は仕事の達成度評価の成績評価が基本となります。仕事が変わらない限り賃金は、原則同額です。定期昇給などはありません。まさに、労働対価賃金です。仕事基準の賃金は、仕事の捉え方で職務給、役割給などとなります。

　これに対し、人基準の賃金では、社員として採用し、社内で人材を育成し、その能力を活用する一環として職務が編成されます。すなわち、社員としての能力を幅広く身につけることを重視し、異動も行われます。場合によっては、職種転換も行います。人材の育成すなわち能力開発に積極的で、上司も指導・教育を行い、社員も能力開発に取り組みますので、成長に応えるための定期昇給が用意されます。評価は能力評価が基本となります。人基準の決め方は労働力対価賃金といえるわけです。職務遂行能力に応じた賃金ですので、能力主義の賃金は職能給となります。

　欧米は仕事基準ですが、日本は、一部の例外を除いて、おおむね人基準です。すなわち、職務・職種を指定せず、社員として採用し、人材の育成を図る人事管理の考え方になっています。日本でも、欧米型の成果主義賃金を取り入れる例が見られますが、必ずしも成功していません。これは雇用慣行の違いが大きく影響しているからだと考えられます。

5

● 第2節　賃金問題の3つのポイント
～高さ、仕組み、格差～

1. 賃金管理の要件

　賃金の問題を考えるときに大切な点が3つあります。「高さ」「仕組み」「格差」です。働いている者は、賃金が高いか低いに最大の関心を持っています。わが社の賃金は世間に比べて高いのか低いのか、必要な生計費に比べて十分かなど、高さが問題になります。しかし、いかに賃金が高くても、仕組み（賃金決定のルール）が曖昧であれば、不満や不平が生まれます。また、働いている者同士、いわば従業員間の格差が納得されなければ、公平な賃金決定とは言えません。賃金を高めていくためには、働くみんなが頑張って、生産性を上げ、支払い能力を高めていくことが必要です。支払い能力を高めずして、賃金を引き上げることはできません。そのためには、公平な賃金決定や格差が実現していることが要件となります。曖昧な賃金決定や納得できない格差が形成されていたのでは、生産性向上への意欲はわかないからです。したがって、賃金にとって大切なものは、仕組み（賃金体系）であり、かつ相互格差（賃金格差）です。まず、この2つを大切にすることが賃金問題を考える出発点です。なお、高さは、賃金水準と表現されますので、賃金体系、賃金水準、賃金格差の3つを検討することが、賃金管理の要件といえます。

　仕組み（賃金決定のルール）とは、何を基準に賃金を決めるか、決定基準の選択です。賃金は労働または労働力の対価ですから、仕事や能力が基準となります。能力で決めるのか、仕事

第1章　基礎知識編

で決めるのか、あるいは仕事と能力の両方を見つめるのか、決定基準の選択がルール作りといえます。これは賃金体系をどのように組み立てるかの問題です。これについては、次節で解説します。

2．3種類の賃金

　賃金問題を考えるとして、どのような賃金を対象とするのか。対象とする賃金をはっきりする必要があります。賃金にはその捉え方によって、個別賃金、個人別賃金、平均賃金の3種類の賃金があります。そこで、3種類の賃金とはどのようなものか、考えてみましょう。まず、個別賃金とは何かです。賃金は労働または労働力の対価ですが、労働（仕事）は皆同じではありません。難易度があります。また、労働力（能力）にも熟練度（習熟度）があります。仕事を大括りしたものが職種ですので、銘柄とは職種や熟練度を指しています。こう考えると賃金とは、正確には、労働または労働力の銘柄別の価格、と表現することができます。このように、銘柄（条件）を指定した賃金を「個別賃金」と呼びます。

　　　　　銘柄別賃金（条件別賃金）＝個別賃金

　組織の中にはいろいろな仕事があり、能力があります。そこで、賃金を正しく決めていくためは、個別賃金の一覧表（＝賃金表）を明示しておくことが必要になります。賃金表とは、下記の**図表2**のようなものです。

7

図表2　賃金表の例示

職　　種	熟練度	Ⅰ	29.0万円
		Ⅱ	29.5
		Ⅲ	30.0
		Ⅳ	30.5
		Ⅴ	31.0

　ある職種の熟練度Ⅰは29万円、熟練度Ⅲは30万円、最高の熟練度Ⅴは31万円というのが取引価格です。物やサービスには必ず値段がついています。価格のない取引はありません。電車の運賃は駅に表示されています。デパートの商品にも値札がついています。価格が表示されていなければ、不安です。安く売ってしまう、高く買わされるといった取引が行われる恐れがあります。安心して取引するには価格表が不可欠です。労働または労働力の取引においても同様です。価格表が賃金表です。

　一人ひとりの賃金のことを個人別賃金といいます。個別賃金すなわち賃金表は1社1枚ですが、個人別賃金は従業員の数だけ存在します。100人の会社には100人、1000人の会社には1000人の個人別賃金が存在します。個人別賃金は、一人ひとりの銘柄を見つめ、賃金表に照らして決まります。たとえば、Aさんはこの職種の熟練度Ⅰだから29万円、Bさんは標準熟練度のⅢだから30万円、Cさんは最高の熟練度Ⅴだから、31万円といったように、予め用意された賃金表に照らして決まります。賃金表をベースとし個人別賃金が決まります。賃金表が無ければ、一人ひとりの賃金を公平に決めることはできません。一人ひとりの賃金を一人当りに置き換えたものを平均賃金といいます。

　このように賃金には個別賃金、個人別賃金、平均賃金の3つ

があります。3者の関係を図示すると**図表3**のようになります。個別賃金と個人別賃金の間には、人事制度、特に評価と育成が影響してきます。特に評価が大きく影響します。自分は熟練度レベルⅣに到達していると思っても、上司の評価がⅢであれば、5千円低い賃金となってしまいます。賃金を正しく決めるためには、賃金表が導入されると同時に、評価が正しく行われる必要があります。また、能力を高めるには仕事の機会が均等で、指導も分け隔てなく行われることが必要です。機会不均等や、偏った指導の下では、公平な個人別賃金決定はできません。

　個人別賃金と平均賃金の間には、労務構成が影響してきます。年齢に対して右上がりの日本の賃金では、平均年齢が高ければ、平均賃金が高いのは当然です。また、男女比率なども影響します。平均賃金は一人当たり人件費を意味するもので、賃金の高さを表わしているわけではありません。

図表3　個別賃金、個人別賃金、平均賃金の関係

3．目的に応じた使い分け

　3種類の賃金は、それぞれ性格も異なり、役割も違っています。では、どのように使い分けるべきでしょうか。賃金の高さを考えるときは、個別賃金が対象となります。すなわち、世間相場や生計費などと比較し、公正さを検討するときは、個別賃金（銘柄別賃金＝賃金表）で行う必要があります。平均賃金で比較するのは誤りです。賃金表の運用の結果は個人別賃金に現れます。運用に問題がないか、評価や育成が賃金にどのような

影響を与えているか、バラつきやゆがみなど賃金の公平さを検討するときは、個人別賃金で行う必要があります。人件費の適正さを検討するときは、平均賃金が対象となります。このように、目的に応じた使い分けが必要です。

　　　・個別賃金……

　　　　　　銘柄別賃金（賃金表）━━▶ 賃金の高さ（公正さ）

　　　・個人別賃金……

　　　　　　一人ひとりの賃金 ━━▶ バラツキ、ゆがみ（公平さ）

　　　・平均賃金……

　　　　　　一人当たり賃金 ━━▶ 人件費（適正さ）

　賃金の原点は個別賃金にあります。賃金決定基準を明確にし、賃金表を導入し、公平に運用していくことが、正しい賃金決定の要件です。第7節で詳しく解説しますが、賃金表の改定がベア、銘柄の向上に伴う個人別賃金の上昇（賃金表の中での適用）が昇給（定昇）です。すなわち、ベアは個別賃金の問題、昇給（定昇）は個人別賃金の問題です。賃金表が無ければ、ベアと昇給（定昇）の区別はつきません。ベアと昇給（定昇）を区分した賃金決定を行うためにも賃金表を導入する必要があります。

第1章　基礎知識編

● 第3節　賃金体系のあり方〜仕事か能力か〜

1．能力主義と成果主義

　処遇基準には人の価値を基準とする能力主義と仕事の価値を基準とする成果主義の2つがあります。人の価値を基準とする人事を能力主義と呼ぶのは、その人の価値は可能性すなわち身につけている能力によって決まるからです。仕事の価値を基準とする人事を成果主義と呼ぶのは、仕事の結果は業績を通して企業の生産性や成果に結びつくからです。仕事基準の考え方は、かつて職務主義とも言われました。

　人事管理を能力基準で行うか、仕事基準で行うかは、優れて企業の政策ないしは労使関係の問題であり、この基準でなければならない、といった理論があるわけではありません。しかし、基準の選択によって発生する運用上の問題や新たに構築しなければならない関連する諸制度の整備の必要性を理解しておく必要があります。仕事基準の人事管理を行うためには、仕事（あるいは職種）を指定して採用することが条件となります。社員として採用し、配属によって仕事を決める雇用形態のもとでは、仕事基準で人事管理（処遇など）を行うことはできません。日本の多くの企業は、社員として採用し、企業の中で人材を育成し、人材の活用を図る人事管理が基本です。このような雇用慣行のもとでは、社員としての能力を基準とした人事管理、すなわち能力主義人事制度が相応しいと言えます。仕事基準人事を実現するには、職務を分析し、職務の標準化を図り、職務記述書を作成するとともに、職務評価を実施して、職務ごとに賃金を予め決めておく必要があります。仕事を決めて採用

11

するため、異動・職種転換はできません。

　学校、病院、運輸通信、マスコミなどは概ね職種別採用が基本です。職種とは仕事を大括りしたもので、仕事基準賃金の色彩が強いのですが、社員採用の他の社員との兼ね合いから職種の熟練度とは異なる昇給制度が用意されることが多く、能力基準賃金の色彩を持っているといえないこともありません。

2．能力基準と仕事基準の賃金

　能力で決める、仕事で決めるといっても、いくつかの種類があります。では、どのような種類の決め方があるのでしょうか。**図表4**でみるように、人の価値すなわち能力には、生活能力、経験能力、保有能力の3つがあります。生活能力を基準とする賃金は生活給であり、一般に年齢給と呼ばれます。ライフサイクルに基づく世帯生計費がベースになります。経験能力に着目した賃金は、経験を勤続で捉えるところから年功給といわれます。保有能力とは職務遂行能力あるいは職務関連能力の保有度を評価して決めるところから職能給といわれます。

　仕事基準賃金には、仕事の捉え方で職務給、職責給、役割給などに分かれます。職務給とは職務分析を行い、経験・能力の関係などにかかわらず、仕事のレベルを評価し、それに基づいて決める賃金です。職責給とは職務の責任範囲（責任と権限）の広さや高さに応じて決める賃金で、難しさや貢献度を評価して決めるものです。職務給、職責給は定型的な業務に適した賃金の決め方といえます。仕事には定型的な業務のほかに非定型的な業務があります。その場合は役割給となります。役割給とは、その都度、面接で与えられた職務の責任範囲に本人の付け加えたチャレンジすなわち行動計画、（これを役割という）を

12

評価して決める賃金です。

　仕事を基準として決める賃金においては、その達成度が問われます。仕事に達成度を加味したものを業績といいますので、達成度を加味すると業績給となります。業績は毎月の賃金に反映するのではなく、業績賞与（ボーナス）に使われます。

　仕事を基準とする賃金は、どのような能力レベルかではなく、どのような仕事を担当しているかで決まる賃金です。したがって、採用時に仕事や職種が決まっている社員には適していますが、異動・配置によって職務が決まる、職種転換が行われる社員には適しているとは言えません。

図表4　能力主義と成果主義の賃金

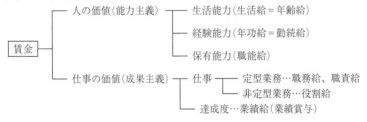

3．能力主義賃金のカーブと問題点

　では、仕事で決める賃金と能力で決める賃金では、カーブはどのような形になるのでしょうか。能力とは社員としての蓄積能力を指しますので、年齢横軸に対して右上がりの後立ちカーブになります。これに対して、仕事で決める賃金、例えば職種給は、ある時期まで習熟によって立ち上がりますが、基本的にはフラットなカーブとなります。能力基準は後立ちであるのに対し、仕事基準は先立ちのカーブを形成することになります。

図表5　働き（仕事）のカーブと能力のカーブ

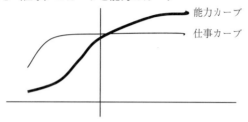

　日本の多くの企業の賃金は、人間基準の能力主義賃金です。人材育成期の若年層はやや低く、人材活用期の中高年齢層を高める後立ちカーブとなるのは人材の定着を狙いとしたからです。仕事と能力は長期的には決済されます。後立ちカーブであるが故に、また人材の成長を促進する狙いから、定昇制度が組み込まれています。能力主義の人事管理は和と安定が基本にあります。これに対し欧米の賃金は、仕事基準とする成果主義賃金であり、その時々の仕事の高さや難しさで決まる短期決済型の考え方に基づく賃金といえます。先立ちカーブで基本はフラットですから、定昇制度はありません。人材の活用を狙いとする成果主義の人事管理は格差と競争にあります。

　人間基準の能力主義賃金には、①組織の柔軟性（フレキシビリティ）が維持できる、②職場の創造性（クリエイティビティ）が高い、③人材の育成に有効、④労使の協力関係が強い、などメリットが多いのですが、今いくつかの問題点が発生しています。第1は、高齢化による人件費の増大です。この解決策として検討されているのが賃金カーブの修正や仕事基準賃金の導入です。第2は、低成長化に伴う右上がりカーブ（定昇2％）の維持が難しくなっている点です。定昇の再編が急務となっています。第3は、構造改革や技術革新に伴う能力（蓄積

第1章　基礎知識編

能力）と実力（時価）のミスマッチです。成果や業績を上げる
のは能力ではなく実力です。そこで、実力評価（コンピテン
シー評価）が必要になっています。第4は、価値観の多様化に
対応した加点主事人事（個の尊重）の実現です。特に、目標面
接制度の重要性が認識され始めています。

　仕事基準の成果主義賃金にはメリットもありますが、①短期
の業績のみを追い、本質的な生産性向上の意欲を失う、②連帯
感が喪失する、③部下育成の軽視、④不公平感が高まる、⑤失
敗を恐れる、などのデメリットも指摘されております。そこ
で、仕事基準賃金を導入するとしても、能力主義と調和をとる
必要があります。具体的には、人材育成期は能力主義の人事管
理、賃金は職能給と年齢給で基本給を構成し、人材活用期に
入ったならば、賃金は最低生計費のレベルを上回るようになる
ので、年齢給を仕事基準の役割給に置き換える、さらに60歳以
上ともなれば100％仕事基準の役割給か職責給に切り替えるこ
とで、高齢者の雇用促進を図る、といった動きになっていま
す。そのためには、組織風土の改革も欠かせません。実力主義
（時価）や加点主義（意思、適性の尊重）への切替えも必要に
なります。

15

● 第4節　賃金の高さの判断〜賃金統計と生計費〜

1．賃金統計との比較

　自社の賃金が高いか低いかは、社員のみならず、労使の賃金担当者や管理者にとっても関心があります。では、どのような賃金を、どのような統計と比較することによって、判定できるのでしょうか。賃金の高さ、すなわち賃金水準は個別賃金（銘柄別賃金）で行います。個別賃金については第2節で触れたとおり、仕事、能力、年齢などを指定した賃金です。平均賃金（一人当たりの賃金）や個人別賃金（一人ひとりの賃金）ではありません。個別賃金は賃金表によって示されています。したがって、賃金表が無ければ、正確な意味での比較はできません。

　以上のように賃金の高さは個別賃金で分析します。銘柄すなわち仕事、能力、年齢の組み合わせによって、個別賃金が算出されます。しかし、組織の中には銘柄は数多くあり、全部の組み合わせを取ると、個人別賃金と同じものとなりかねません。そこで、賃金の高さを分析するに当たっては、代表的な銘柄の賃金を取り上げて比較・分析することになります。その代表的銘柄は、一般的にモデル条件に合致したものが取られます。モデル条件とは、「学校を卒業して直ちに入社し、その後標準的に昇格・昇給し、世帯形成も標準的に経過している場合の属人条件、職務条件に合致している銘柄」です。このようなモデル条件に合致した賃金をモデル賃金といいます。

　個別賃金の一般的な統計は、モデル賃金として調査されます。したがって、統計と比較して高さを分析するには、自社の

第1章　基礎知識編

モデル賃金を作成して行うことになります。モデル賃金は賃金表から作成する理論モデル、実在者賃金からモデル条件に合った人を特定し読み取る実在者モデル、標準入社者の個人別賃金の平均を取る平均モデルなどの算出方法があります。モデル賃金統計は実在者モデルで調査されるケースが多いので、利用する場合は注意が必要です。算出方法が異なると正確な比較はできません。

2．生計費統計との比較

　賃金は労働者にとっては生計費であり、唯一の収入です。したがって、賃金と生計費の関係には強い関心が待たれます。そこで、誰でもが一定の生活が可能なレベルの賃金、すなわち生活保障の原則を踏まえた賃金決定が求められます。そこで、賃金と生計費との比較が必要になります。ところで、生計費の捉え方には実態生計費と理論生計費の2つがあります。実態生計費とは、今いくらで生活しているのか、実態を調べて作成した生計費です。理論生計費とは、望ましい生活とはどのようなものか、生活の模型を描き、その生活を営むためには、いくら必要かで算出する生計費です。労働組合が過去には賃上げ要求の資料として理論生計費を算出したことがありましたが、現在はほとんど実施されていません。実態生計費調査は、国（総務省統計局）が家計調査として実施しています。この家計調査をもとに人事院が国家公務員の賃金決定資料として毎年作成しているのが、「標準生計費」です。標準とは平均支出額ではなく、それより低額の「並数階層」の金額です。統計で並数とは最も集中した数値（最頻値）を指し、ありふれた一般的な生計費といえます。

17

生計費には、そのレベルによって、①被救恤費（援助を受けなければ生きていけない状態）、②最低生存費、③最低生計費、④標準生計費、⑤愉楽生計費、の通常5つ程度の把握の仕方があります。最低生計費とは、健康にして文化的な生活を営むためのミニマムのレベルということになります。標準とは、健康や体裁に選択の余地が十分あるレベル、愉楽生計費とは、それを上回るレベルで全てにおいて、ゆとりあるレベルとなります。

賃金との関連で生計費を考えるときに、そのレベルは、最低生計費（ミニマム）か標準生計費（ノーマル）となります。被救恤費とか最低生存費では、労働力の再生産は不可能だからです。

3．準拠指標

自社賃金が同業他社や世間相場に比較して高いのか低いのか、賃金水準を分析するには、統計との比較が必要になります。賃金統計には、官公庁作成のみならず、業界団体、民間の調査機関などから様々な統計が発表されています。大規模な調査もあれば、限られた対象で行われる調査統計もあります。各種統計を活用するためには、その調査が、どのような狙いで行われているのか、どのような組織を対象にしているのか、規模や地域はどうなっているのか、調査表の内容、回答は記入式か聞き取りかなど、調査概要を知っておく必要があります。出てきた結果としての数字だけでは、誤った使い方をしてしまう恐れがあります。

賃金の統計は各種あります。わが社で賃金の高さを検討するとき、どのような統計と比較するか、使用する統計を決めてお

第1章　基礎知識編

くことが必要です。どの統計と比較するかによって、高さは違ってきます。ある統計と比較すると高いが、違う統計と比較すると低い、といった結果になることはよくあることです。できれば、労使で比較する統計を決めておきたい。比較する共通の統計を準拠指標といいます。準拠指標の選定は、同業他社、同地域他社、一般公表統計の中から選定します。社員は同業他社の賃金に関心が高いので、同業の賃金と比較するのがベターでしょう。できれば、同業他社と一般公表統計の組み合わせが望ましいと言えます。一般公表統計の選定に当たっては、毎年、継続的、確実に調査されている機関の統計で、信頼度の高い統計であることが条件になります。

● 第5節　基本給と手当
～基本給の充実と手当の簡素化～

1．基本給と手当の関係

　賃金の大部分を占めるのが基本給です。ところが通常、基本給のほかにいくつかの手当が用意されます。基本給と手当はどんな違いがあるのでしょうか。全員を対象とするのが基本給、特定の条件を満たす場合に支給されるのが手当です。したがって、賃金論的には、全員に支給される手当などは存在しません。では、基本給と手当では、どちらが重要でしょうか。基本給と手当では、当然ながら全員が対象となり、かつ賃金の大部分を占める基本給が重要です。賃金管理で重視しなければならないのは、基本給であって手当ではありません。ところが、基本給の決め方を曖昧にしたまま、手当の新設や引き上げに追われているケースが少なくありません。これは間違いです。特定の人が対象となる手当の種類が多いのは賛成できません。基本給と手当は所定内賃金の内訳ですから、一方を強めれば一方が弱まる関係にあります。手当が多くなると基本給は貧弱なものとなります。理論的には、手当は少なければ少ないほど、望ましい賃金といえます。基本給を充実し、手当を簡素化するのが望ましい方向です。賃金の高さは、所定内賃金が問題になるのであって、基本給や手当で比較するものではありません。これについては第4節で触れたとおりです。賃金の主役は基本給であって、手当ではありません。基本給で果たせない役割を果たすのが手当です。基本給を充実することが賃金管理の要件です。

第1章　基礎知識編

　手当の支給基準を明確化し、簡素化するためには、基本給を要素別に組み立てることが前提となります。要素別決定とは、生活保障要素と労働対価要素を分離した賃金の組み立てであり、例えば、**図表6**のように生活給（年齢給）と職能給、生活給（年齢給）と役割給といったような2本建ての基本給体系です。

　基本給を要素別に組み立てない決め方を総合決定給といいます。総合決定給の賃金体系では、どの部分が仕事、能力、生活に対応する賃金かが不明確になるため、仕事、能力、生活の微細な差を手当でカバーしようとし、手当がどうしても多くなる傾向があります。

図表6　労働対価と生活保障の賃金

2．基本給の構成

　では、今日的には基本給をどのように設計するべきでしょうか。生活保障賃金は誰でもが一定の生活が可能なレベルまで引き上げるのが狙いです。それは最低生計費を意味します。生計費については第4節を参照してください。賃金のもう1つの条件は労働対価です。労働対価要素としては人材育成期は能力が、人材活用期は仕事が適しています。管理職クラスの賃金は最低生計費のレベルを超え、かつ人材育成期から人材活用期に転換する時期でもありますから、そこでステージ別に賃金体系を変化させるのが望ましいといえます（**図表7**）。

20代、30代の職場になじみ、仕事を覚える段階、人材育成期のJクラス、Sクラスは年齢給と職能給、40〜50歳代の身につけた能力、経験を発揮する人材活用期は職能給と役割給で基本給を組み立てるのが望ましい賃金体系です。40歳代管理職になった時点で、年齢給を役割給に組み換えます。生活給から仕事要素で決める賃金への転換です。さらに、60歳以降は100％仕事給、すなわち身につけた能力や経験ではなく、今担当している仕事の価値（役割）で決めるようにします。このような賃金体系を導入することで、年齢横軸に対し後立ちの賃金カーブは、先立ちのカーブに修正されることになり、職場の公平感はもとより、高齢者の雇用確保も達成できるのではないかと思われます。

図表7　ステージ別の賃金体系

項　　目	賃金体系	Jクラス （20歳代）	Sクラス （30歳代）	Mクラス （40.50歳代）	シニア （60歳〜）
生活主義	年齢給	◎	○	—	—
能力主義	職能給	○	◎	○	—
成果主義	役割給	—	—（△）	◎	◎

（注）記号はウエイト。◎は最も重視、○は重視、△は部分的なら可能、—は不要。

　と同時に最近話題になっている定昇問題にも対処できます。定昇は年齢・勤続に応じて自動的に昇給する賃金として、人件費上昇の元凶とみなされる傾向があります。定昇は必ずしも人件費上昇をもたらすものではありませんが、人件費上昇をもたらすとの誤解から、定昇を廃止したいと考える動きもあります。しかし、定昇は人材の定着と意欲の向上、ライフサイクルの充足と生活の安定、協力的労使関係の醸成、生産性の向上、

第1章　基礎知識編

組織への信頼関係（帰属意識）などにどれだけ役に立ってきたかわかりません。定昇は廃止するのではなく、過大なる定昇は適正な大きさに再編すべきものです。先立カーブに修正することで、定昇は若い時の人材育成期（職能給の習熟昇給）と世帯形成期（年齢給昇給）に限られたものとなり、人件費面からみても適正な大きさとなります。

3．手当のあり方

　手当は基本給で果たし得ない役割を果たす賃金ですから、手当を簡素化するためには、基本給を理論的に、具体的には要素別決定で組み立てることが重要です。それでも、今日的に必要な手当がいくつかあります。代表的な手当は扶養家族手当と役付・管理職手当の2つです。年齢給はライフサイクルを充足する共通生活給であり、扶養家族を有する者との生計費の違いをカバーするのが扶養家族手当です。部下をもつ監督職には部下付き合い料の役付手当が、部下を持ちかつ時間外手当が適用除外となる管理職には管理職手当は必要です。これ以外にも条件によってはあってもいい手当があります。通勤手当、地域手当、単身赴任手当、特殊職務手当（つらさ手当）、特殊職種手当などです。

　通勤手当は実費弁償ですから、手当といっても交通費の負担であり、税制上の有利さもあって、ほとんどの企業で支給されています。ただ、交通機関が多様化し、電車、バスなどの公共交通機関が整備されていない地域にあっては、マイカー通勤に頼らざるを得ないケースもあって、支給基準で悩んでいるところも多い。全国に支店、営業所など事業者が散らばっている場合は、地域間の物価差（主として住宅関連費の違い）に配慮し

23

た地域手当が必要です。同様に、単身赴任者には2世帯に分かれることによる出費増分相当の単身赴任手当が必要です。高所作業、危険な作業、外勤、屋外作業などのつらさを伴う職務には特殊職務手当が必要になります。仕事には難しさとつらさの側面があります。難しさは知識、技能が要求される点で能力ですが、つらさは職場環境にかかわることですから、基本給に入れることはできません。また、公的資格免許を有する職種には世間相場があり、社内ルールと調整する特殊職種手当が必要になる場合もあります。

　手当は簡単に作れますが、一度作ると、廃止するのに大変な労力と時間が必要となるのが一般的です。現に支給し、受け取っている人がいる限り、不公平であるからといって、直ちにカットするわけにはいきません。このため、手当の新設は慎重にも慎重を重ねた議論、検討が必要です。また、過去には必要であった手当でも、環境変化の中で役割が終了した手当は見直しが必要です。

第1章　基礎知識編

● 第6節　賃金カーブの修正
〜後立ちカーブから先立ちへカーブ〜

1．これまでの賃金カーブの特徴

　賃金には、人の価値で決める賃金と仕事の価値で決める賃金の2つがあります。人の価値は身につけている能力で決まりますから、これを能力主義賃金といい、仕事の価値で決める賃金を成果主義賃金と呼びます。これについては第3節で触れたとおりです。

　では、能力で決めた賃金と仕事で決めた賃金は、どのようなカーブを描くのでしょうか。

　能力で決めた賃金は、年齢横軸に対し、右上がりのカーブを描きます。日本の賃金は能力基準ですから、右上がりのカーブ、すなわち後立ちカーブを形成することになります。これに対し、仕事カーブは先立ちのカーブとなります。仕事（や職種）の価値で決める賃金にも当初は、習熟に応じた昇給が用意されます。したがって、一人前になる期間は昇給しますが、その後カーブは完全なフラットになります。能力で決める賃金は後立ちであるがゆえに、この間は昇給が行われることになります。昇給のうち毎年定期的に実施される昇給を定昇と呼びますので、一般的には定昇によって後立ち賃金カーブが形成されているとみることができます。

　仕事カーブと能力カーブのクロス点を仮に40歳とすると、日本の賃金は、生涯労働の前半は仕事以下（アンダーペイ）で働き、後半は仕事以上（アッパーペイ）の賃金を受け取るとみることができます。しかし、長期にみれば完全に決済されます。

25

ですから、日本では若い時は苦しいが、年齢を重ねると豊かになる、先憂後楽の賃金決定が行われてきたのです。仕事基準賃金は、その時の価値で賃金を決める短期決済型賃金といえます。

図表8　能力主義賃金カーブ——人材の定着（長期決済型）

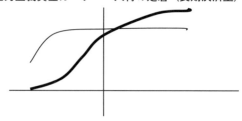

このような賃金カーブが成立するためには、当然いくつかの条件が備わっていなければなりません。長期決済型が成立するためには、長期雇用が企業、労働者に受け入れられることです。毎年定期的に社員を採用し、時間と費用かけて人材を育成する（人材投資）。成長した人材がやがて業績に貢献し、定年まで勤務する、といった仕組みを労使双方が受け入れることが必要です。つまり、人材が定着しない限り成立しません。企業が人材の定着を望まず、社員も定年まで勤務する意識がなければ、後立ちカーブは崩れます。今やっている仕事の価値で賃金を決めたい、貰いたいとなれば、能力で決める賃金が不適合になります。また、年齢・勤続の高まりとともに仕事も、能力も確実に高くなっていくならば、能力に基づく賃金決定は成立します。人員構成がピラミットの形をしていて、習熟能力価値も高まるもとでは、能力カーブは成立します。さらに、生計費も年齢とともに上昇していくなら、能力カーブは受け入れやすくなります。

長期雇用の雇用慣行は残っていますが、完全な形の、いわゆ

第1章　基礎知識編

る終身雇用は崩れつつあります。人員構成も高齢化の進展で逆ピラミット型になっています。IT技術の発展によって、習熟期間は短縮され、若年層の能力価値が高くなっています。このように、能力カーブ成立の条件が、今崩れつつあり、世代間の不公平感が目立つようになってきました。これまでの後立ちカーブを先立ちカーブに、賃金カーブを修正する必要に迫られてきています。

2．賃金体系の変更

　賃金カーブを修正するためには、何を変えなければならないのでしょうか。まず、賃金決定基準の見直しが必要です。具体的には賃金体系の見直しです。といって、全面的に、仕事（または職種）基準に変更することはできません。職務・職種を指定せず、定期的に人を採用し、企業の中で人材を育成・活用するという雇用慣行は、企業側にもメリットがあり、簡単に崩れることはないと思います。そこで、カーブの修正を図るには、ライフステージ別に、賃金決定の考え方を変化させていくことが必要になります（**図表9**）。これについては、すでに第5節の基本給のあり方で、定昇との関連で触れておきました。

　若年層の賃金体系は、基本給を生活保障の年齢給と労働対価の職能給の2つで構成します。

　この場合の年齢給は共通生活給となり、扶養家族を持つ者には扶養家族手当を支給します。家族手当は扶養家族の有無による生計費の違いをみる付加的賃金となります。年齢給の役割は誰でもが一定の生活が可能なように賃金を引き上げることです。現在の高卒初任給16万、大卒初任給20万円の水準では世帯形成はできません。次の世代に労働力を残すためには最低生計

27

費（世帯ミニマム）をカバーする必要があります。職能給は職務遂行能力の高さに応じた賃金で、実際は企業が期待し求める職務遂行能力（職能）を成長段階ごとに示した職能資格制度に対応して決まる労働対価賃金です。

　仕事を覚える人材の育成期は、仕事の価値を直接賃金に結び付けるのではなく、仕事を通じて把握できる能力を結び付けることが大切です。直接結び付けると、異動ができなくなるばかりか、幅広く仕事を覚えることができなくなります。20代、30代の人材育成期の標準的な賃金体系は**図表10**でみるような形となります。しかし、人材の活用期の40歳以降になれば、やってる仕事の価値を賃金に結び付けることは可能になります。この年代ともなれば、賃金は最低生計費のレベルを上回りますので、年齢給を役割給のような仕事基準賃金に置き換えることができます。役割給は、その時担当している役割（責任と権限）の重さを評価して決める賃金です。役割は固定的でありません。その時々で変化します。したがって、役割給は上がることもあれば下がることもある賃金となります。しかし、役割給100％では不安定ですから、職能給と2本立ての基本給にするべきでしょう。職能給には上限賃金（頭打ち。これ以上に昇給はないというレベル）はありますが、下がる機能はありません。安定的な職能給に可変的な役割給を乗せることで、賃金の安定性と刺激性、公平性を実現できるようになります。

　また今後、高齢者の雇用延長を実現にしていくためには、60歳以上はやっている仕事の価値で決める役割給100％にするべきでしょう。高齢者雇用実現の障害になっているのは、仕事と処遇のアンバランスです。これを一致させれば高齢者の雇用は促進されるのではないでしょうか。それまでに身につけた知識

や経験で、仕事（役割）をして貰うようにすれば、企業にとっても得策ではないかと思われます。

図表9　ライフステージ別の体系

項　目	賃金体系	Jクラス (20代)	Sクラス (30代)	Mクラス (40,50代)	シニア (60歳〜)
生活主義	年齢給	◎	○	—	—
能力主義	職能給	○	◎	○	—
成果主義	役割給	—	—（△）	◎	◎

図表10　職能給賃金体系の整備

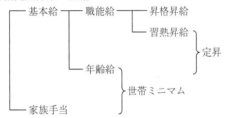

このようなステージ別の賃金体系、特に、管理職クラスへの可変的な役割給の導入を図るためには、2つの条件を満たす必要があります。1つは、中だるみの是正です。後立ちカーブ故、日本の賃金の弱点は30歳前後の賃金に中だるみが発生し、働きや必要生計費に比べ見劣りしています。ここの是正が不可欠です。もう1つは、最低保障賃金の設定です。役割給は可変的な賃金ですが、これ以下にはしないという歯止めは必要です。管理職賃金は一般職の賃金を下回るようでは、管理職の誇りを失います。

3．賃金表による管理

　賃金カーブを修正するためには、賃金体系の見直しと同時に賃金表の改定が必要になります。カーブを形成する昇給は賃金表によって実現するからです。具体的には、どの昇給をどのように見直すことで、賃金カーブは後立ちから先立ちに修正できるのでしょうか。

　基本的な賃金体系である年齢給、職能給の賃金表のあり方を考えてみましょう。年齢給が導入されているからといって、生活保障が確実に実現している訳ではありません。理論的に年齢給が設計されているかどうかが問題です。この場合、理論的とは生計費カーブに準拠し、かつ必要な水準（高さ）が確保されているか、という点です。年齢給は共通生活給ですから扶養家族手当と合わせ世帯ミニマムが確保されていれば、水準はクリアしているとみることができます。賃金カーブに影響を与えるのは生計費カーブに準拠した設計になっているかです。すなわち、年齢間のピッチ（格差）です。今日の生計費は、世帯を形成する２人世帯のレベルが高くなっています。つまり、１人世帯から２人世帯まで、急角度で立ち上がる形です。したがって、年齢給昇給は30歳までのピッチが最大になるよう設定する必要があります。何歳で止めるかはライフサイクルビジョンによっても異なりますが、一般的には世帯ミニマムの水準を超える40歳代になるでしょう。まず、年齢給昇給を生計費カーブに準拠した形にすることが、先立ちカーブに近づく条件です。これによって、中だるみの是正を図ることもできます。

　さて次は職能給の昇給です。職能給の昇給は昇格時の昇給と、同じ等級の中で習熟の伸びに応じて引き上げられる習熟昇給の２つに分かれます。習熟昇給は評価が加わりますが毎年行

第1章　基礎知識編

われますから、定昇となります。昇格は毎年行われるわけではないので、昇格昇給は定昇でない昇給となります。職能給は定昇と定昇でない昇給に分かれる点が重要であり、どちらを重視して設計するかで、カーブの形は違ってきます。職能給の習熟昇給は年齢給昇給と合わせて定昇となりますので、定昇の大きさをどの程度にしたいかによって、おのずから習熟昇給の大きさは決まります。残ったものが、昇格昇給になります。先立ちカーブに近づけるためには、定昇となる習熟昇給よりも定昇でない昇給である昇格昇給を大きくとることが大事です。昇格すると賃金が上ることで、能力が違えば賃金も違うことをはっきりさせることができます。習熟昇給を大きくすると下位等級の職能給が上位等級の職能給とダブってしまう現象が生じ、能力が違うにも拘わらず職能給は同じとなってしまいます。これからの職能給は昇格昇給を重視した設計が求められます。さらに、習熟昇給も長くその等級に滞留すると昇給額が徐々に小さくなる（逓減する）設定が必要になります。以上のような考え方で賃金表を見直すことで、賃金カーブは先立ちに修正できます。管理職の基本給は職能給と役割給が望ましい賃金体系です。このクラスの職能給は昇格時に思い切って引き上げ、毎年昇給する習熟昇給は極力小さいものとします。管理職ともなれば、毎年習熟価値が高まるわけではありませんから、毎年いくら上げるかではなく、昇格したらいくらにするかを重視する意味で、昇格昇給をできるだけ大きくします。もう1つの役割給はその時々の役割の重さで決まりますから、確実に昇給が実施されるわけではありません。役割給は上がることも下がることもある可変的な賃金ですから、カーブはフラットな形になってきます。このような賃金表の見直しによって、賃金カーブは先

31

立ちに修正されていきます。いかにも簡単に実現できそうな書き方をしましたが、カーブの修正は時間がかかります。簡単ではありません。なぜなら、いまの賃金カーブの適用を受けている人たちがいるからです。賃金には将来に対する既得権はありません。あるなら賃金カーブの修正はできません。既得権はありませんが、期待権は存在します。法的にみても、合理的理由のない労働条件の変更は、不利益変更として許されません。そこで賃金カーブの修正に当たっては、修正の理由が重要になります。上にみたように、最近の人事を取り巻く環境の変化による賃金決定基準の公平性、賃金表の理論性などの問題点および放置した場合の人材育成や活用に対する影響などを明らかにすることが大切です。

　なぜ修正する必要があるのか、問題点を理解し、職場の公平感を阻害することなく段階を踏んで進めることが大切です。通常、期待権は3年程度と考えられますので、3〜5年の時間をかけて段階的に実施するのが一般的です。

第1章　基礎知識編

● 第7節　昇給とベアの違い
〜個別賃金と個人別賃金の引き上げ〜

1．賃上げの中身

　日本では毎年春になると賃金の引き上げ交渉が行われます。いわゆる春闘です。賃上げの中身はベアと定昇の2つから成ります。ベアと定昇は性格も、果たすべき役割も異なります（第2章用語解説編参照）。定昇はその企業における賃金体系、賃金表に基づいて実施される制度的なものです。しかし、賃金体系や賃金表が確立していない企業もあるところから、労働組合は定昇を賃金体系維持分とか、賃金構造維持分とか、賃金カーブ維持分と呼んでいます。

　賃上げでは、いくら上げるかが争点になりますが、賃金にとって大切なのは、いくら上げるではなく、いくらにするか、が重要です。特に定昇は、企業の制度によって異なりますから、他社との比較はあまり意味がないといえます。ところで、定昇率という場合、定昇額をその企業の組合員平均基準内賃金で除して算出します。したがって、定昇額は同じでも、分母の平均賃金によって定昇率は大きく異なってきます。一般的に、大手企業の賃金は、中小企業の賃金より高く、若年層に比べ高年齢層の賃金は高いですから、高齢化している大企業の定昇率は低く、若年層の多い中小企業の定昇率は高くなります。定昇額は参考にすべきですが、定昇率はさほど意味がないことは知っておく必要があります。

33

2．ベアと昇給の性格と機能

　ベアと昇給（ないし定昇）はどのように違い、それぞれの性格や機能はどのようなものか考えてみましょう。詳しくは第2章用語解説編を参照してもらうとして、大事な点を確認しておきましょう。まず、何度も確認しているように、賃金とは労働または労働力の対価です。分り易く言えば仕事や能力に付いた価格です。価格は値段表（＝賃金表）として示されます。仕事や能力などの労働銘柄の賃金を個別賃金といいます。個別賃金は賃金表そのものであるともいえます。賃金表をベースとして、一人ひとりの賃金が決まります。これを個人別賃金と呼びます。一人ひとりの仕事や能力をみつめ、賃金表に照らして個人別賃金が決まります。このようにベアとは個別賃金の問題であり、昇給ないし定昇とは個人別賃金の問題なわけです。両者ははっきり区別して取り扱う必要があります。賃金交渉で、ベアのみを要求する交渉を個別賃金交渉といいます。これに対し、ベアと定昇を区別せず、いくら上げるかを要求する交渉を平均賃金交渉といいます。個別賃金交渉では、今ある賃金表をいくら上げるかの労使交渉になりますが、平均交渉では組合員の平均賃金をいくら上げるかの労使交渉となります。

　ベアとは賃金表（ベース）の改定（アップ）であり、個別賃金の問題であるのに対し、昇給とは仕事、能力、年齢など労働力の質の向上による個人別賃金の上昇です。そのうち定期的なものが定昇となります。定昇とは個人別賃金の問題である点を理解しておく必要があります。

第1章　基礎知識編

図表11　ベアと昇給の違い

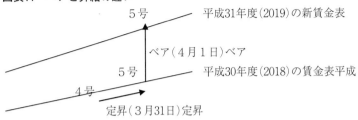

　図表11でみるように、今ある賃金表の中で、4号から5号に移ることによって引き上げられるのが定昇です。実施時期は3月31日です。仮にベアが行われると、新賃金表（平成30年度）は、全体的に引き上げられ、5号は新5号に改定されます。これがベアで、実施時期は4月1日です。定昇は一瞬ですがベアより先になります。このように個人別賃金は定昇とベアによって引き上げられます。では、ベアなしの場合はどうなるのでしょうか。ベアなし（ベアゼロ）とは賃金表の改定見送りを意味します。すなわち、前年の賃金表を継続することです。この場合でも、定昇は制度として行なわれることが必要です。なぜなら、1年経過することで年齢は言うまでもなく習熟能力が高まるからです。定昇は平均賃金を上げますが、賃金水準を1円も上げません。賃金水準を上げるのはベアであって、定昇ではありません。このようにベアと定昇の区分が賃金管理の出発点です。両者の区分を曖昧にしたままでは、公正な賃金決定はできません。賃金表がないとベアも定昇も区別がつかないことになります。賃金決定にとって、賃金表は非常に重要な要素です。自社の賃金表がどうなっているか、もう1度点検してみてください。

35

3．昇給と定昇

　仕事、能力、年齢など労働力の質の変化を受け止めて、個人別賃金が賃金表の中で適用が変わり、引き上げられるのが昇給です。昇給には定期的なものと、定期的でないものがあります。この場合定期的とは毎年です。したがって年齢や勤続に関わるものは定期的ですが、仕事や能力に関わるものは定期的とはいえません。したがって、昇給は定期的なものと定期的でないものに分かれます。どのような賃金体系を採用するかによって、その企業の定期昇給は異なってきます。今日の標準的な賃金体系からは、年齢給昇給と職能給の習熟昇給が、定昇に該当する昇給といえます。では、春の昇給における定昇はどのような位置づけになるのでしょうか。いくつかのポイントを上げておきましょう。

（1）定昇は賃金表にしたがって計算され、積み上げられ、1
　　　人当たり平均の定昇額、定昇率が決まるものです。総額を決
　　　めて配分するものではありません

（2）定昇は制度として実施されるもので、その都度交渉して
　　　決めるものではありません。ただし、ベアは交渉して決める
　　　ものです

（3）定昇の大きさ（額とか率）は年々変わるもので、決して
　　　同一ではありません。固定して考えてなりません

（3）定昇は現行の賃金表（前年の春の交渉で決まった賃金表）
　　　に基づいて実施し、しかるのち、賃金表の改定（ベア）を行
　　　う。定昇がさき、ベアがあととなります。

　定昇は日本的な昇給で、最近では人件費の上昇をもたらすとして、修正の動きがあります。しかし、定昇の果たしてきた役割は、決して小さいものではありません。人材の確保・定着、

第1章　基礎知識編

労働意欲の向上と中高年齢層の生活の安定、組織への信頼感と
帰属意識（ロイヤリティ）の醸成などに大きく貢献してきたの
です。定昇制度は社会的にみても大きな役割を果たしてきたと
いえます。定昇廃止はこれらの役割を失う恐れがあります。

● 第8節　定期昇給の性格と機能
～定期昇給は人件費を上げるのか～

1. 定期昇給の特徴

　前節では昇給とベアの違いについて解説しました。その延長でこの節では、やや実務的な問題になりますが、定昇と人件費の関係を考えてみたいと思いますます。

　定期昇給とは文字通り定期的に昇給する仕組みを指します。ここで定期的とは毎年です。

　オリンピックは4年ごとに開催されますので、定期的な開催です。しかし、賃金交渉は毎年です。これは1955年（昭和30年）に始まったといわれる賃金引上げ交渉、いわゆる春闘に由来する労使慣行です。定昇を含む賃金交渉であり、したがって、定期的とは毎年と考えるのが妥当でしょう。これ以外にも、賃金体系からみても、毎年と考えられる理由があります。日本の雇用慣行は、一部の業種を除いて、殆どが職種・職務を指定せず、社員として採用し、企業の中で人材を育てる人事管理をベースに人事制度が設計されています。賃金も人材の成長を前提に組み立てられています。そこで、人材の成長を年1回評価し、それに応じて昇給する仕組みが必要になります。これが定期昇給の性格であり、機能です。定昇は、能力開発を促進し、意欲を高め、人材の成長および定着に、中高年齢層の生活安定と帰属意識の高揚に大きく貢献してきました。定昇を廃止すると、当然ながら、これらの機能が失われる恐れがあります。

第1章　基礎知識編

２．昇給と定昇の違い

　では、昇給と定昇はどのような違いがあるのでしょうか。昇給には定期的と定期的でないものがあります。定期的とは毎年昇給するものに限られます。賃金の決定基準から具体的に分析すると、**図表12**でみるように、年齢。年数によって昇給するものは定昇になります。しかし、仕事、能力による昇給は定昇でない昇給となります。なぜなら、年齢、年数は確実に、定期的に変化しますが、仕事や能力は定期的に変化するものではありません。昇給項目で言えば、年齢給昇給、職能給の習熟昇給は定昇ですが、資格が上がること（能力の上昇）による昇格昇給、役職などに就く（仕事の高まり）ことによる昇進昇給は定昇でない昇給となります。また、諸手当の増加も昇給であり、定期的でない昇給となります。例えば、子供は定期的に生まれるわけではありませんから、扶養家族手当の増加も定昇でない昇給となります。

　定昇は昇給の大部分を占めますが、全てではありません。定昇は昇給の一部ということもできます。

　以上のように、定昇とは年齢や年数にかかわる昇給ですから、年齢給や職能給の習熟昇給がなければ、定昇制度はないことになります。結局、どのような基準で賃金を決めるか、賃金体系の組み立てによっては定昇のないケースもあり得ることになります。

39

図表12　定昇と定昇でない昇給

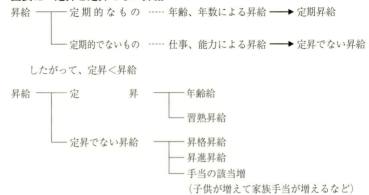

したがって、定昇＜昇給

3．定昇の目減りとは

　定期昇給は内転原資であるといわれます。これはどういう意味でしょうか。**図表13**を見てください。傾斜している線上に40段の階段があるとします。今、階段の最上位にいる50万円の者が降り、一番低い階段に20万円の者が乗ってきたとします。その差額は30万円です。定昇を5,000円とすると、30万円は60人の定昇原資に相当します。階段に60人が乗っていても、原資を持ち出すことなく定昇を実施することができます。このことから定昇は内転原資であると称されます。

第1章　基礎知識編

図表13　定昇は内転原資

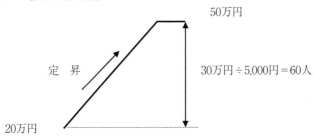

　次に別の角度から定昇の人件費に与える現象を考えてみましょう。**図表13**は１人が辞める、１人が入ってくることを前提に説明しました。また、階段上に乗っている人数もほぼ同じ均一と考えています。このような実態がどの企業にもあてはまる訳ではありません。１人も辞めない、１人も入ってこない企業もあるでしょう。辞める人数と入社してくる人間が同じという企業もあるでしょう。階段（年齢）の上に乗っている人数もまちまちです。つまり、年齢によっては大勢が在籍し、ある年齢には人がいないということもあります。高齢化とは、階段の上部（高年齢層）に人が多いことを示しています。

　誰も辞めない、誰も入ってこなければ、平均年齢は１年に１歳上昇します。定昇分は確実に平均賃金の上昇につながります。これとは逆に、１年前と平均年齢が同じである場合は定昇が完全に内転原資で行われたことになります。

　定昇を実施した時点では、定昇分だけ平均賃金を上げますが、入離職による年間の平均賃金が低下する現象を定昇の目減りといいます。**図表14**でみるように、誰も辞めない、誰も入ってこないときは、平均年齢が１歳上昇します。この時は定昇の目減りはゼロですが、平均年齢が前年と同じなら、完全内転と

41

なります。日本全体の労働者では1年に0.25歳上昇しています。つまり、4年に1歳上昇しています。今日の定昇を1.6%とすると、4分の3は目減りしますが、4分の1の0.4%は平均賃金の上昇につながっているといえます。この点では、定昇も一部はコスト増になっていると言えます。

図表14　定昇の目減り

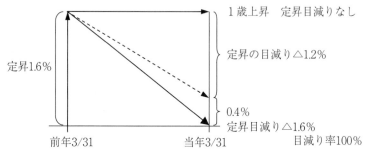

〈上昇率……定昇の目減り(率)〉
1.00歳……0.0%　(　0%)
0.25歳……1.2%　(75%)
0.00歳……1.6%　(100%) 完全内転

　このように、定昇は必ずしも人件費の増加をもたらすものではないのです。もちろん、平均年齢の上昇は、企業によって異なりますから、定昇が人件費上昇に結び付くケースがないわけではありません。

第1章　基礎知識編

● 第9節　賃金表の種類と特徴
～賃金決定のベースが賃金表～

1．賃金表の必要性と2つのタイプ

　第7、8節ではベア、昇給。定昇について、その役割や特徴を考えました。共通しているのは、全て賃金表をもとに実施される点です。ベアとは賃金表の改定、昇給とは仕事、能力、年齢など労働力の質の変化を受け止めて、賃金表に照らして行われる個人別賃金の引き上げです。定昇とは昇給のうち、毎年、定期的に引き上げることを約束した昇給でした。したがって、賃金表が無ければベアも、昇給も、定昇も実施できません。もちろん、賃金表が無くても、一人ひとりの賃金を高めることは可能です。しかし賃金表が無ければ恣意的となり、不公平な賃金決定となる恐れがあります。理論的でかつ安定的に、公平な賃金決定を行っていくには、賃金表が必要です。また、中途採用者の賃金を正しく決めていくためにも賃金表が必要です。在籍者とのバランスを欠く賃金では、優秀な人材の採用はできません。

　賃金表を作成するには、何を基準に賃金を決めるのか、賃金体系を設計する必要があります。賃金を決める基準には、仕事と能力の2つがあります。これらの選択と組み合わせによって、賃金体系は決まります。仕事で決める賃金には、仕事の捉え方で職務給、職責給、役割給などがあります。能力で決める賃金には職能給、年功給、年齢給などがあります（詳しくは第3節「賃金体系のあり方」を参照）。仕事で決める賃金の1つに職種給があります。類似した職務を括って職種とし、その職

43

種に必要とする熟練度を加味して決める賃金です。

　賃金は労働または労働力の価格です。労働や労働力に付いた値段といった方が分り易いかもしれません。その値段の示し方にはシングルレート（単一賃率）とレンジレート（範囲賃率）の２つの形があります。シングルレートとは１つの値段という意味で、職務給など仕事の価値で決める賃金に適用されます。その仕事をやっている限り、昇給はありません。賃金は一定額のままです。これに対して、レンジレートとは、値段に幅のある仕組みで、主として能力を基準とする賃金に適用されます。実際は能力をいくつかの段階（等級）に区分し、いくらから（初号賃金という。これ以下はないという下限を示す）、いくらまで（上限賃金という）というように、一定の範囲をもって示す賃金です。初号賃金と上限賃金の間で昇給が行われる形をとります。職能給や職種給の賃金表は通常レンジレートで示されます。

２．レンジレートの３つのタイプ

　レンジレートは等級別賃金を一定の範囲で示すわけですが、等級間をどのような関係に設定するかで、３つの型に分かれます（**図表15**）。開差型とは等級間が完全に開いている型です。この型では下位等級の上限賃金と１つ上の等級の初号賃金の間に格差が生じますから、等級が違えば賃金も違う、が実現できます。この型は幅が狭いだけに昇給の頭打ちが早くなるのと昇格者と昇格しない者との間に、大きな差をつけてしまうのが欠点です。

　接続型とは等級と等級が、文字通り接続している型で、下位等級の上限賃金と１つ上の等級の初号賃金が一致するようにな

ります。等級間で一致することはまれに生じますが、逆転することはありません。

　重複型とは等級と等級が重複｛オーバーラップ｝する型です。この型においては賃金の逆点現象がしばしば発生し、等級の違いが賃金に反映することができません。**図表15**でみるように、1つ上の等級と重複するだけならともかく、2つ上の等級と重複するような賃金表だと、等級が上がる昇格意欲を減退させかねません。

図表15　等級間賃率

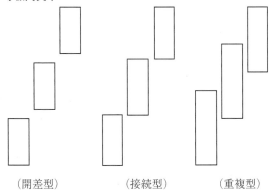

3．4つの賃金表…その性格と機能

　レンジレートの賃金の代表的な賃金は職能給です。日本における最もポピュラーな賃金ですので、職能給の賃金表の性格とその特徴を紹介します。職能給賃金表には号俸表、昇給表、段階号俸表、複数賃率表の4つ種類があります。4つの賃金表は査定の有無、査定の累積やキャンセル、場所の明示・非明示など、メリット、デメリットがあります。**図表16**は4つの賃金表

の特徴を、運用、型で整理したものです。

　号俸表とは等級と号俸のマトリックスで示される賃金表です。何級何号で賃金を決めます。号俸表では毎年の昇給査定は行われず、全員が毎年１号ずつ昇給します。しかし、昇格しなければ上限賃金で頭打ちとなります。査定は昇格で厳しく行われます。等級と号俸で決まる場所明示型の賃金表であり、国家公務員、地方公務員の賃金表は全てこのタイプです。人事院勧告準拠の産業、企業（例えば、学校、病院、運輸通信、マスコミなど）では号俸表を導入しているところが多いようです。

図表16　賃金表の種類と特徴

種類	運　　　用		型		品質
号俸表	能力評価→昇格	査定なし	明示型	公務員型	○
昇給表	成績評価→昇給査定	査定累積型	非明示型	大企業型	×
段階号俸表	成績評価→昇給査定	査定累積型	明示型	中堅企業	△
複数賃率表	成績評価→賃率査定	査定キャンセル型	明示型	商業	◎

　昇給表とは昇給の上げ幅を示したもので、絶対額を示したものではありませんので、厳密には賃金表とはいえません。各人の今の賃金に、毎年の査定昇給が加算されて、賃金が決まります。過去の査定は消えることはなく、査定が次々と累積されるのが欠点です。能力や仕事の遂行にあまり差がなくても、査定が累積しますから、実際の能力差以上に賃金格差が広がっていくことになります。いくら上げるかの表で、いくらにする表ではないから、型は非明示型であり、自分の賃金がどのレベルにあるのか、知ることはできません。採用しているのはどちらかといえば大企業に多い。大企業は賃金のレベルも高く、中途採用もなかったので、賃金表でなくても管理できました。しか

し、最近は累積に対する不満も強く、かつ中途採用も活発に行われるようになり、賃金表への切り替えも進んでいます。

　段階号俸表とは査定のできる号俸表で、何級、何号で決まる賃金です。査定ができるように、号と号の間を小刻みに設定してある点が特徴です。標準5号昇給では5つ飛びに標準の昇給額をセットします。1号と6号の間は、5分の1の等間隔で刻みます。何号進めるかは評価によって決まり、評価が標準のBなら5号進みます。Sは7号、Aは6号と標準評価より多く、Cは4号、Dは3号しか進みません。段階表は場所明示型ではありますが、査定が累積するのが最大の欠点といえます（**図表17参照**）。

図表17　段階号俸表：基本型（標準5号昇給）

号	J－1	J－2	J－3	S－4	S－5	S－6	M－7	M－8	M－9
①	32,600	48,200	64,500	85,100	106,900	134,900	185,900	238,400	298,400
2	33,100	48,700	65,100	85,800	107,700	135,800	186,600	238,900	298,700
3	33,600	49,200	65,700	86,500	108,500	136,700	187,300	239,400	299,000
4	34,100	49,800	66,300	87,200	109,300	137,600	188,000	239,900	299,300
5	34,600	50,400	67,000	87,900	110,100	138,500	188,700	240,400	299,600
⑥	35,100	51,000	67,700	88,700	110,900	139,400	189,400	240,900	299,900
7	35,600	51,500	68,300	89,400	111,700	140,300	190,100	241,400	300,200
8	36,100	52,000	68,900	90,100	112,500	141,200	190,800	241,900	300,500
9	36,600	52,600	69,500	90,800	113,300	142,100	191,500	242,400	300,800
10	37,100	53,200	70,200	91,500	114,100	143,000	192,200	242,900	301,100
⑪	37,600	53,800	70,900	92,300	114,900	143,900	192,900	243,400	301,400
12	38,100	54,300	71,500	93,000	115,700	114,800	193,600	243,900	301,700

　複数賃率表とは、1つの号に5つの賃率を用意した賃金表で、査定はしますが、その査定は1年限りで、翌年には持ち越すことのない、査定完全キャンセル型の賃金表です。リセット型賃金表、洗い替え型賃金表ともいわれます。等級ごとに1枚の賃金表を用意する必要があり、やや複雑にはなりますが、各

人は毎年必ず1号昇給します。5つの賃率のうちどの賃率が適用されるかは、前年の人事考課によって決まります。S、Sと進んでも、D、Dと進んでも同額だけ昇給します。これはSとDの幅以上には差が開かない仕組みになっているからです。場所明示型でありながら、査定もできる、査定はキャンセルされる点で、4つの賃金表の中では最も優れた賃金表といえます。

どの賃金表を採用するかは企業、労使の判断ですが、これからの賃金表は中途採用者の賃金決定に役立つものでなければなりません。また、査定は必要であるとしても、キャンセルできる賃金表が望ましいといえます。査定が累積する賃金表では、人材の活用や意欲の向上を妨げる恐れがあるからです（**図表18参照**）。

4つの賃金表の中では、査定もできる、しかし査定は完全にキャンセルする、自分の場所も明示されている複数賃率表が最も優れた賃金表といえます。

図表18　複数賃率表＜S－5級＞：基本型（4段階一致の場合）

号＼ランク	S	A	B	C	D
1号	108,900	107,900	106,900	105,900	104,900
2	112,900	111,900	110,900	109,900	108,900
3	116,900	115,900	114,900	113,900	112,900
4	120,900	119,900	118,900	117,900	116,900
5	124,900	123,900	122,900	121,900	120,900
6	128,900	127,900	126,900	125,900	124,900
7	132,900	131,900	130,900	129,900	128,900
8	136,900	135,900	134,900	133,900	132,900
9	140,900	139,900	138,900	137,900	136,900

第1章　基礎知識編

● 第10節　賃金の支払い形態
～時給、日給、月給、年俸～

1．賃金の支払い形態とは

　賃金用語には賃金体系、賃金形態と似たような言葉があります。音で聴いた限りでは、同じように聞こえます。事実、賃金体系を賃金形態、賃金形態を賃金体系と誤解している人が少なくありません。賃金体系と賃金形態はまったく意味が違います。賃金体系とは一人ひとりの賃金の決め方を体系的に組み立てたもので、全員を対象とする基本給と特定の条件を満たす人に支払う手当に分かれます。これに対し賃金形態とは支払い形態を意味します。1日単位で賃金を決めるのか、月単位で決めるのかを賃金形態といいます。1日単位で賃金を決めるとしても、月ごとに支給するのが一般的ですが、これは計算を月単位で行うだけのことで、月単位で決めている訳ではありません。これは労働基準法24条に基づく毎月一回以上払いの原則に則ったもので、時間外の計算や税・社会保険料の控除を行って給料を確定しているにすぎません。

　支払い形態には定額制と出来高制の2つがあります。定額制とはあらかじめ金額が、1日いくら、月いくらと決まっている支払い形態で、出来高払いとは出来高によって金額が決まるものです。出来高制は作る量、売り上げる金額、獲得件数などに応じて決まります。金額は結果で決まりますが、1個作るといくら、売り上高に対する割合、獲得件数に応じた金額などがあらかじめ決められています。出来高払い制は歩合制あるいは能率給などとも呼ばれます。一人ひとりが単独で行動し、かつ努

49

力が確実に成果として表れ、その結果が数量的に把握できる場合には出来高制は成立します。しかし、集団で行う仕事が基本で、機械で処理する業務が多くなると、出来高払い制は成立しなくなります。今日では、出来高払い制が成立するのは一部の産業、職種に限られます。定額制がほとんどです。

2．支払い形態はどうして決まるのか

　今日の賃金支払い形態はほとんどが定額制です。定額制には時給、日給、月給、年俸などがあります。では時給、日給、月給、年俸などの形態はどのようにして、決まるのでしょうか。結論的にいえば、仕事が時間単位で終了するのか、1日単位か、月単位か、年単位かで決まります。仕事が短期的なものであれば時間、日単位で、長期的なものは月、年単位が本来の姿です。時間、日単位の業務はどちらかといえば単純定型業務が中心にならざるを得ません。というのは担当する人が時間単位で交代する可能性があるからです。1日単位の仕事は1日で完結し、翌日は別の人にその業務を行うことができます。となると知識や経験を必要とする判断・企画業務を担当する場合に時給、日給は相応しいとはいえません。仕事が月単位であるのに、時給、日給の決め方は本来の姿ではありません。管理職の業務は、この1年間何を、どのような目標を、組織を活性化しながら実現するのか、年単位で決まります。したがって、年俸制が適しているといえます。通常の労働者の場合、仕事の目標は中長期です。また異動や職種転換もありますから、年単位では支障が生じます。また、入社してしばらくの間は人材育成期ですから、キャリア開発重視の仕事の与え方も行われます。したがって、仕事と支払い形態をダイレクトに結び付けることは

第1章　基礎知識編

適切ではありません。そこで、通常社員は月単位の支払い形態が採られていると考えられます。

　本来、支払い形態は仕事の単位と関係するわけですが、現状は必ずしもそうなっていません。雇用形態で決まっているのが実態です。すなわち、パート、アルバイト、契約社員などの有期契約型社員は時給制、日給制が、通常の社員は、管理職も含め月給制となっています。年俸制は、大企業で管理職を対象に進んでいますが、3割以下の普及です。特に、中長期的な仕事をしていながら、時給制、日給制などの支払い形態が適用されている社員の不満が多くなっています。

3．月給制が一般的だが

　日本の通常社員（常用労働者）の賃金は定額制で、そのうち殆どが月給制を採っています。日給制の割合は2割弱に過ぎません。なぜ、月給制が多いのでしょうか。その理由ははっきりしていないのですが、2つの説が考えられています。1つは、戦後の労職区分の廃止による社員一本化です。戦前は、職員、工員の身分区分があり、職員は月給制、工員は日給制でした。身分廃止とともに賃金の支払い形態も、職員に適用されていた安定的な月給制に統一されたものという説です。もう1つは、やはり戦後間もなく採用された電産型賃金体系が、生活給思想を前提にしており、生活単位の月が支給形態として採られたという説です。もちろん、本文でも触れたように、仕事の単位から決まったとも考えられます。欧米では、同一労働同一賃金、ノーワークノーペイの原則が定着していますから、通常の労働者（ブルーカラーといわれる）は週給、事務技術労働者（ホワイトカラー）は年俸制（または月給制）が一般的です。これも

51

仕事の単位が週か年かで決まっているものと考えられます。

　ところで、労働基準法24条では、賃金は毎月支払うことを定めています。つまり、2ヵ月ごとに支払うことはできません。少なくとも月単位で、一定の期日を決めて支払わなければなりません。賃金が日給であっても、毎日支払うのではなく、まとめて月単位で支払うとこができます。しかし、これは月給制ではありません。支払いが月ごとであるにすぎず、やはり日給制であることは変わりません。月給制にも、欠勤などがあった場合、控除するものと、控除しないものがあります。控除しない月給制を完全月給制、控除する月給制を日給月給制などと呼ばれる場合もあります。

　ところで、労働基準法では毎月、期日を定めて支払うことが決められています。では、支払日（給料日）は何日が多いのでしょうか。調査はありませんが、民間は25日が多いようですが、30日（月末）も少なくありません。公務員は15日または20日になっているようです。

第1章　基礎知識編

● 第11節　賃金と人事考課
　　　〜評価結果の処遇への反映〜

１．賃金決定と人事考課の関わり

　賃金を正しく決めていくためには、決定基準を明確にしたうえで、賃金体系を確立し、賃金表を導入しておくことが要件となります。賃金体系、賃金表がなければ一人ひとりの賃金を公正に決めることはできません。しかし、賃金体系、賃金表があれば万全かといえば、そうではありません。もう１つ重要な制度があります。賃金表の運用に関わる評価、すなわち人事考課です。しかも、人事考課は、公平性、納得性、透明性の実現が条件となります。そのためには人事考課は基準を明確にした絶対考課で設計されていなければなりません。基準が曖昧な比較の相対考課では公平性、納得性、透明性は実現できません。社員が納得できない評価では賃金決定に結びつけることはできません。

　仕事や能力などの特定条件を指定した賃金を個別賃金といいます（詳しくは第２節参照）。具体的には賃金表で表示されます。１人ひとりの賃金を個人別賃金といいますが、個人別賃金は各人の仕事や能力を見つめ、賃金表に照らして決まります。この時に大きく影響するのが評価です。評価に問題があれば、賃金体系、賃金表が整備されていても、個人別賃金は正しく決まりません。評価と同時に育成の機会も影響します。なぜなら、仕事の習熟や能力の開発はその機会が与えられなければ高まらないからです。

　　個別賃金―（評価・育成）→個人別賃金

53

2．人事考課の仕組みと処遇の関係

　賃金を正しく決めていくための人事考課は、どのように組み立てられるべきでしょうか。

　基準に基づく絶対考課は仕事の達成度を評価する成績評価、仕事への取り組み姿勢を評価する情意評価、期待される能力の充足度を評価する能力評価に区分して組み立てます。今日の人事考課は処遇決定のみならず、育成すなわち能力開発にも活用されます。仕事の達成度と取り組み姿勢、能力の充足度は、常に一致するとは限りません。

図表19　人事考課の組み立て

　そこで、処遇に結びつけるためには、これらの評価を目的別に使い分けることが必要になります。年2回支給される賞与の総額は、そのときの企業業績によって決まります。つまり、賞与は企業業績の配分として支給されます。したがって、業績貢献度の高い者に多く支給されるべきです。人事考課の中で業績への貢献度は成績評価に現れます。したがって、賞与に使うときは、成績評価の結果を最も重視します。資格が上がる昇格では、当然、能力評価の結果が最も重視されるべきでしょう。となれば、情意評価の結果は昇給に結びつけられるべきです。このように、頑張って仕事をしてくれた人には賞与で、まじめに仕事に取り組んでくれた人には賃金で、能力の高い人には難しい仕事とステイタス（資格）で報いるべきです。

　成績、情意、能力評価の全てが優れていると評価される人は

第1章 基礎知識編

いません。一方、全てが劣っていると評価される人もいません。ということは、社員はどこかで評価され、何かで報われます。社員が安定的に仕事を続けていくためには、組織から何らかの形で報いられることが必要です。絶対考課は基準に対する評価で、イメージで評価するものではありません。能力があれば高い目標にチャレンジしてもらい、前期の仕事の結果が芳しくなければ目標を下げ、指導や援助を行ってヤル気を高めるなどの個別管理が必要です。こうすれば全ての評価がプラス、全ての評価がマイナスなどということはあり得ません。

等級レベルによっても重視する評価は異なってきます。管理・専門職のMクラスは結果が重要です。能力がある、まじめに仕事をしているといっても褒められません。成績（業績）が重視されます。しかし、若手社員のJクラスは、まだ仕事を覚えている段階で、成績や能力に差がついていません。仮に差が出ているとすれば、それは仕事への取組姿勢によるものと考えられます。このクラスでは情意評価が重視されるべきでしょう。中間指導職のSクラスともなれば、独立的に仕事を担当するので、能力が重視されるべきでしょう。

部門特性も考慮されなければなりません。営業部門は売上を伸ばさなければなりませんので、成績が重視されます。しかし、生産部門のように仕事のやり方が決まっていて、生産の担い手が機械である場合には、成績に違いはなく、能力の発揮は限定されます。決められた作業を間違いなく正確に実行したかの姿勢、意欲が重視されます。一方、事務部門や技術部門は仕事のやり方が決まっているわけではなく、その時々で最適な手段・方法を講じて職務が遂行されますから、能力がなければ職務は達成できません。能力を重視する必要があります。このよ

55

うに人事考課は目的別に実施はしませんが、目的別に使い分ける必要があります。実際には、ウエイト（重みづけ）を決めて結びつけます。

図表20　要素間ウエイトの考え方

評　価	目　　的	職能等級	部　　門
成績評価	賞　与	Mクラス	営　業
情意評価	昇　給	Jクラス	生　産
能力評価	昇　格	Sクラス	事務技術

3．相対区分と絶対区分

　人事考課は成績評価、情意評価、能力評価に区分して実施し、目的別に使い分けることで、処遇に結びつける形をとります。その時上でみたように、目的と同時に本人の等級や部門も考慮されます。実際はウエイトを加味するので、数字で処理します。つまり、職場で管理職（上司）が評価した人事考課（通常はS、A、B、C、Dの５段階評語）は、人事部門で、あらかじめ決めたウエイトにしたがって目的別に計量化（数字を算出）します。その数字をもとに処遇に結びつけることになりますが、その時に相対区分、絶対区分の２つの方法があります。

　相対区分とは、評価結果を高いほうから順番に並べ、予め用意した一定割合で区分するものです。**図表21**の＜相対区分＞をみて下さい。全体を７区分するために、Ⅰは５％、Ⅱは10％、Ⅲは20％、Ⅳは30％というように、区分割合が決められています。比率は左右相対の正規分布になっています。処遇に枠（原資、定員）がある場合は相対区分で結び付けられることになります。

第1章 基礎知識編

　絶対区分とは、予め点数を決めておき、評価結果で区分する
ものです。**図表21**の＜絶対区分＞をみて下さい。90点以上は
Ⅰ、80点以上90点未満はⅡというように、7区分する場合の点
数が決められています。一人ひとりの点数が決まれば、この区
分からどのランクになるかを判断します。したがって、どのラ
ンクに何人が入るかは、あらかじめ分かりません。相対区分は
一人ひとりの点数よりも序列によって区分するものであるのに
対し、絶対区分は序列ではなく、点数によって区分する方式で
す。処遇に枠がない場合は、絶対区分で結び付けられることに
なります。

　オリンピックは上位3人にメダルが与えられる競技で、記録
よりも順位が重要です。世界新記録でも4着に入ればメダルは
ありませんが、平凡な記録でも3着にはいればメダルが与えら
れます。考え方は相対区分です。しかし、公的資格はあらかじ
め合格点が決まっており、一定の点数を取らない限り資格は授
与されません。上位の点数で合格人数を決めるわけではありま
せん。考え方は絶対区分です。

　原資とか、定員とか枠がある場合は相対区分、原資の枠も、
定員もない場合は絶対区分で処遇に結びつけられます。賞与は
業績の配分ですから原資に枠があります。役職に空きがなけれ
ば昇進させることはできません。したがって、賞与、昇進は相
対区分となります。資格が上がる昇格は卒業方式（学校の進級
と同じ）ですから、定員はありません。能力が身に付いたと評
価されれば、昇格させる必要があります。昇給は賃金表にした
がって計算され、積み上げられ、一人当たりの昇給額が決まる
もので、総額を決めて配分するものではありません。したがっ
て、昇格、昇給は絶対区分で結び付けられることになります。

57

図表21 相対区分と絶対区分

＜相対区分＞

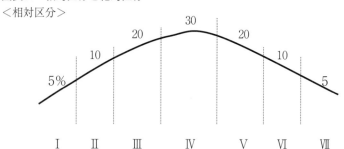

（注）一定の割合で分布される

＜絶対区分＞

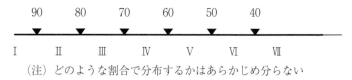

（注）どのような割合で分布するかはあらかじめ分らない

図表22 処遇と査定の関係

第1章　基礎知識編

● 第12節　賃金と賞与・一時金

1．賞与・一時金の性格

　一般にボーナスと呼ばれている賞与または一時金は、あらかじめ支給額が決まっているわけではありません。労働条件的にはあくまで臨時給与または特別給与として位置付けられます。臨時給与を労働組合は一時金、企業は賞与と呼びますが、これは労働組合は賃金の一部、企業は業績の配分と性格づけているからです。しかし、年間約5ヵ月の臨時給与の全てが生活一時金であるともいえないし、全てが業績賞与であるともいえないと思われます。客観的に見て両者の性格を併せ持つものとみて間違いないものと思われます。これからの賃金を検討するに当たっては、臨時給与の性格をはっきりさせる必要があります。

　労働者の生活費のうち、住宅ローンの返済、耐久消費財の購入、盆暮れの生活習慣的な支出にボーナスの一部が当てられています。つまり、毎月の賃金にボーナスの一部を含めて生活が成り立っています。毎月の賃金だけで生活が営まれているわけではないのです。したがって、臨時給与を企業業績だけで決めるわけにはいきません。この部分は生活一時金としての性格を持ち、これを上回るものが業績賞与となります。

　これまで労使ともに両者の区別を曖昧にしてきました。これからは、両者をはっきり仕分けしていくべきです。区分するとして問題は、臨時給与のうち何か月分が生活一時金で、何か月分が業績賞与なのかという点です。これは一概に何ヵ月と断定できるものではありません。その企業の賃金水準、社員の意識（臨時給与の受け止め方）、労使関係などによっても違ってきま

59

す。最近の賃金統計と生計費の実態から両者を比較すると、おおむね2〜3ヵ月程度が生活一時金とみることができると思われます。つまり今日、労働者は12ヵ月の賃金に2〜3ヵ月の一時金を加えて年間の生計費を賄っているわけです。

　生活一時金と業績賞与を明確に区別すると、それぞれの性格に応じた決め方、運用が可能となります。生活一時金は年間必ず支給する賃金の一部となり、月例賃金とあわせてベース年収となります。12ヵ月の賃金に何ヵ月の生活一時金を加えるかは、生計費が基準となりますが、支給月数は固定するのが望ましいといえます。生活一時金には当然ながら査定は入りません。また、労使関係からみると、この部分は春の賃金交渉の対象賃金となると考えられます。したがって、生活一時金を上回る業績賞与には、年間の賃金と企業業績を事後的に調整する役割を持たせることができます。そこで、業績賞与には企業業績に応じて変動する仕組みが必要となります。労使間では算式による協定を結ぶことになります。企業業績によって変動するので、あらかじめ支給月数を決めることはできません。業績賞与の支給は、貢献度を重視すべきですから、当然査定が行われることになります。

　臨時給与を生活一時金と業績賞与に区分にした事例を、以下に紹介しておきましょう。いずれも生活一時金は支給月数が固定され、業績賞与は営業利益、経常利益などの業績指標に一定の係数を乗じて算出する仕組みとなっています。

・A社　基本賞与＋業績賞与

　　月例賃金プラス基本賞与で標準生計費レベルを確保。業績賞与は営業利益の一定割合。

・B社　固定賞与＋業績賞与

第1章　基礎知識編

　固定賞与、夏1.5、冬1.5ヵ月。業績賞与は半期営業利益の3分の1。

・C社　普通賞与＋成績賞与

　普通賞与は年間3ヵ月。成績賞与は経常利益の4分の1

3社とも基本賞与、固定賞与、普通賞与と呼んで一時金と呼んではいませんが、この部分は生活一時金と見ることができます。

　ところで、臨時給与の算定の基礎となる賃金は、企業によって異なっていますが、通常基本給が使われます。一部の手当を入れるところも見られます。手当を算定基礎に入れる場合、生活一時金部分には家族手当、業績賞与部分には役付・管理職手当を加えることができると考えられます。なぜなら、家族手当を含めて生活が営まれているからであり、管理職は通常、業績貢献度が高いと見られるからです。手当を賞与の計算基礎給に含めるとしても、管理職手当、家族手当だけでしょう。一部の人にだけ支給されている手当まで全て含めると、臨時給与が月例賃金と全く同じ性格のものとなってしまうことになりかねません。月例賃金で果せない役割を果すのが、臨時給与です。性格がまったく同じなら、分離しておく必要はなくなります。毎月の賃金とは別に年2回支給する以上、何らかの違いがあるべきです。

　企業業績によって変動するとはいえ、今、日本には年間約5ヵ月近い臨時給与が支給されています。企業業績に連動した賞与を設計するには、まず、臨時給与の性格を固定的な生活一時金部分と変動的な業績賞与部分の2つにはっきり仕分けする必要があります。両者の区分を曖昧にしたままでは、業績を的確に反映することはできません。

61

図表23　臨時給与の性格

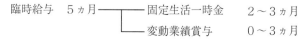

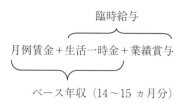

2．業績連動賞与

　今日的には年間約5ヵ月程度の臨時給与が支給されています。この臨時給与には生活一時金としての性格と業績賞与の機能の2つを合わせ持っていることは間違いありません。一般的な賃金水準と生計費の関係からは、約2〜3ヵ月程度が生活一時金、これを上回るものが業績賞与とみることができます。

　臨時給与の区分が行われると、業績賞与は年間の賃金と企業業績を事後的に調整する役割を果たすものとなり、当然、個人業績や部門業績を反映することができます。

　業績賞与＝基本給×個人業績×部門業績×企業業績

　業績は企業業績、部門業績、個人業績の3つに分かれます。それぞれの業績にどの程度の格差をつけるかですが、個人業績係数は1割展開が望ましいと思われますが、部門係数はあまり格差を大きくするべきではありません。配置による偶然性が伴うので、あまり大きくはすべきではありません。比較的業績を上げ易い部門と上げ難い部門があり、大きな格差をつけると、配置、異動に支障をきたす恐れが生じます。部門業績を入れる

第1章　基礎知識編

かどうかは、慎重に検討すべきです。入れるにしても、評価に対しては0.5割格差にとどめたい。しかし、企業係数は、全員が等しく影響を受けるのですから、むしろ格差は大きく展開できます。例示では2割の格差で係数を作ってあります。

図表24　業績係数の例示

評価	個人	部門	企業
S	1.2	1.1	1.4
A	1.1	1.05	1.2
B	1.0	1.0	1.0
C	0.9	0.95	0.8
D	0.8	0.9	0.6

　業績連動型の賞与を設計するとして、問題となるのは、何を業績指標とするか、何割を業績賞与に還元するかです。業績指標には、売上高、付加価値、利益（経常利益や営業利益）の3つがあります。この中で、労使が共有できる業績は付加価値生産性、すなわち1人あたりの付加価値額です。付加価値とは経営活動を通して組織と労働者が生み出した新しい価値であり、付加価値が企業の受け取る利益と労働者が受け取る利益に分配されるからです。**図表25**でみるように、付加価値とは、売上額から材料費、仕入商品、外注加工費などの外部購入費を除いたもので、労使が生産活動（サービスを含む）を通じて新しく付け加えた価値を指します。この付加価値は生産活動に参加したパートナー4者に分配されます。社員に分配されるのが賃金すなわち人件費、経営に分配されるのが経常利益、金融機関、家主などに分配されるのが、金融費用、賃借料となります。なお、経常利益は、株主配当、租税公課に当てられ、残ったもの

63

が内部留保利益となります。付加価値の何割を業績賞与とするかは、過去の業績と賃金の関係を分析し、これを参考に労使で話し合って決めることが望ましいと言えます。

付加価値の計算には、売上高から外部購入費を控除して求める減算法と、実際に要した人件費、金融費用、賃借料と経常利益を積み上げて求める加算法の2つがあります。金融機関やサービス業は物を生産しているわけではないので、加算法がとられるのが一般的ですが、製造業などは減算法がとられます。

図表25　生産性と経営指標

売　上　高（OP）				
付加価値（V）				外部購入費
租税公課、配当、利益（内部留保）	賃借料（地主家主）	金融費用（銀行）	人件費（社員）（W）	材料費、仕入商品、外注加工費、動力費、諸経費
経常利益（R）（経営者）				

・付加価値＝経常利益＋人件費＋金融費用＋賃借料

（人件費はコストではない。パートナーが受け取る利益）

3．成果配分賃金

業績に応じて賞与の総額を決め、これを各人に配分する業績連動型の賞与支給方式を採用するとしても、労使関係（経営と労働者の関係）の立場からは成果配分賃金方式を取り入れることが望ましい。

成果配分賃金とは、**図表26**のような仕組みからなります。

まず第1は、春の賃金引上げが決まったならば、それに見合う成果を労使が話し合って共同の成果目標を設定し、確認しま

第1章　基礎知識編

す。賃金引き上げを吸収するために、今年はどれだけの業績を上げる必要があるのか、目標成果として、労使が合意します。

第2に、その目標成果を達成する諸方策について、労使が知恵を出し合い、達成に向けて協力し、力を合わせ生産性の向上を図ります。そして、目標を上回る成果があった場合、労働者に成果配分として還元する一定割合を決めます。

第3は、年間どれだけの成果が達成できたか、労使による達成成果の測定を共同で行います。幸いに、達成成果が目標成果を上回っている場合、その部分が超過成果となります。超過成果の一定割合を労働者に還元します。これが業績連動の追加賞与となります。ただし、超過成果が大きい場合、小さい場合を想定し、還元の上限、下限を定めておく必要があります。上限を上回る部分は将来に向けて蓄積し、下限を下回る場合は成果達成に対する協力金として、下限までは成果配分賃金を支給します。

成果配分賃金が成立するためには、労使による成果配分方式のルール化、労使協議体制の確立が条件となることはいうまでもありませんが、同時に、付加価値計算のための成果関連指標のオープン化が必要であり、何よりも労使の相互信頼関係が醸成されていることが要件となります。

図表26　成果配分賃金のフレーム

---

1. 賃上げに見合う目標成果の労使による設定
2. 目標成果の達成に向けて労使協力
3. 達成成果の労使による測定
4. 超過成果が得られたら、その一定割合を労働者に還元
5. 還元の上限、下限を設定
　　　上限→将来に蓄積　　　　下限→保障

● 第13節　賃金と退職金

1．退職金の役割と課題

　退職金は何のために払われるのか。これまで退職金の性格について、あまり議論されてきませんでした。一般には、各人の勤続および基本給が算定基礎給となっている点から功労報償、賃金の後払い、あるいは退職金の使途から老後の生活保障の性格があるとされてきました。退職金の性格を１つに絞ることはできませんが、いくつかの性格を併せ持っていることは間違いないものと思われます。性格はともかく、退職金制度は今、いくつかの課題を抱えて見直しの時期にあります。課題とは、第１に、基本給と勤続年数による算定方式の行き詰まりです。高齢化、長期勤続化に伴い退職金の高騰に対処する必要に迫られています。第２は、退職年金の改定です。具体的には、代表的な確定給付型の企業年金から確定拠出型への切り替えです。第３は、2001年に導入された新会計基準によって、退職金は賃金の後払いと位置づけられたことです。第４は、年金の支給年齢の引き上げに伴う65歳までの雇用延長です。第５に、成果主義賃金を導入した企業では、定年時の最終賃金が低下することもあり、基本給での算定が事実上できなくなっている、などが退職金の課題となっています。

　以上のような背景から、退職金はその役割と算定方式の見直しに迫られていると言っていいと思われます。退職金の最も一般的な算定方式は

　　　　退職金＝基礎給×勤続年数別係数×退職事由別係数

　です。基礎給については、賃金からの切り離したポイント

第1章　基礎知識編

制、別表方式などへの変更が行われています。勤続係数では、長期勤続優遇型の逓増型から中間（働き盛り）増加型に修正するほか、勤続の上限を決めるケースが目立っています。また、退職事由別係数も自己都合係数を廃止し、会社都合と一致させるケースが目立ちます。

　これからの退職金は労働市場のオープン化に対応し、中途採用者にも公平な退職金への改定が求められていると思われます。結局、退職金カーブは逓増型から直線型カーブに変わりながら、勤続の頭打ち、一定年齢以降のフラット化が進行しています。退職金は在職時の貢献度なのか、賃金の後払いなのか、役割について決め手はありませんが、65歳への雇用延長が進めば、退職金は老後生活費の保障の色彩が一段と強まり、今は一時金と年金の併用が多いのですが、完全年金化が図られることになるのではないか思われます。

図表27　退職金の年金化

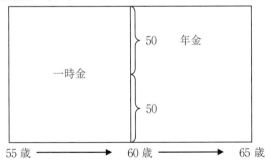

2．ポイント制退職金

　退職金の算定は長い間、退職時の基本給に勤続係数をかけて算出する方式がとられてきました。この算定方式では、基本給

が増加すると自動的に退職金が増加します。社員の平均年齢が若いときは、基本給も低く勤続も短いので問題は少ないのですが、今日のように高年齢、長期勤続が進むと退職金は累積的に増加します。退職金へのハネ返りを防止するには、第2基本給をつくる方法もありますが、これでは賃金決定を複雑にし、基本給をゆがめることになりかねません。退職金は基本給で計算しなければならない必然性はない。そこで、賃金から切り離した算定方式として考え出されたのが、ポイントシステムと呼ばれる退職金算定です。賃金から分離した退職金算定方式と言えます。ポイント制退職金の算定は、次のような形をとります。

　　各人の累積ポイント×事由別係数×1点単価＝退職金

　ポイント制の退職金とは賃金以外の要素で各人のポイントを決め、単価をかけて算定します。導入するには、何を要素としてポイントを計算するか、単価を何円とするか、などが課題となります。これまでの退職金計算の流れから、職能、勤続を要素とするのが一般的ですが、年齢、業績、評価、役職などを要素とする事例もあります。ポイント制の特徴は、賃金から切り離すだけでなく、要素ごとにその特徴に合わせてカーブの形を柔軟に設計できる点にあります。**図表28**の事例は年齢、勤続、職能を要素としていますが、勤続で最も重視している勤続は21〜25年です。この間の1年当たりポイントが一番高い。職能点は職能資格等級によって決まります。上位等級ほどポイントは高くなっており、昇格が早いほど有利になる仕組みです。事例の退職金の単価は1万円であり、60歳定年モデルのポイントは約2,400点となりますから、ほぼ2千4百万円となります。持ち点が分かれば退職金はいつでも、誰でも簡単に計算できるのがポイント制退職金のもう1つの特徴です。

第1章　基礎知識編

図表28　年齢、勤続、職能によるポイント制退職金の事例

1．年齢点		2．勤続点		3．職能点	
年齢	点数	勤続	点数	等級	点数
25歳	35	～10年	9	J－1（2）	5
30	85	11～15	15	－ 2（2）	10
35	135	16～20	20	－ 3（3）	15
40	195	21～25	30	S－4（3）	20
45	275	26～30	25	－ 5（4）	25
50	410	31～33	20	－ 6（5）	30
55	600	加算は33年まで		M－7（5）	35
				－ 8（6）	45
				－ 9（6）	50
60歳	600	累計	600	55歳モデル	1,130

3．前払い退職金

　退職金を廃止し、賃金として支給する企業も出てきています。退職金の性格が賃金の後払い、あるいは貢献度による支給であるとすると、定年時に支給しなければならない根拠はないはずです。

　退職金は人材の定着を狙ったものですから、これまでの退職金は、勤続が長くなるほど有利になるように設計されていますし、途中で退職すると減額する仕組みが組み込まれています。入社した企業に一生勤務することが当然で、また企業も定年までの雇用保障を約束できるときは良いのですが、労働力の流動化が一般化すると、現在のような退職金は成立しないことになります。標準入社だけを対象とした退職金から中途採用者にも公平な退職金制度が必要になり。そこで、退職金を思い切って

69

解体し、賃金として支給することによって、この問題を解決しようとするのが退職金の前払い、あるいは全額払いといわれるものです。退職金は廃止するが、その原資を賃金として支給するところから退職金の賃金化などとも呼ばれます。それによって退職金の原資を、現在抱えている賃金の問題点を解決するために使うことができます。これまで退職金を廃止した企業の事例をみると、原資は中だるみ賃金カーブの是正に使われているケースが多いように思われます。つまり、30歳台賃金の引き上げに充当されています。まさに、中だるみ是正による先立ち賃金カーブへの修正に引き当てられています。

退職金廃止で問題になるのは退職所得控除の扱いです。賃金として受け取ると当然課税の対象になります。そのため、税負担分をあらかじめ含めて支給する必要があります。また、毎月支給すると時間外賃金の計算基礎に入るため、実際は年2回の賞与時に支給されているケースが多いようです。退職金の性格や役割を明確化する中で、これからは退職金を解体、廃止する動きが強まるものと思われます。

第2章

用語解説編
～類似用語の理解～

賃金に関する用語には、類似した用語が少なくありません。間違って使われている例が多いのが実態です。ここでは、用語の解説だけではなく類似した用語の違いについて解説しています。用語が正しく使われなければ、労使間での議論が噛み合わないばかりか、誤解を生じかねません。正しい用語の理解を深めてください。

■賃金と給料

　賃金に類似した言葉には、給料、給与などがあります。賃金とは労働または労働力の価格です。では、給料とはどこが違うのでしょうか。社員の場合、日本では月給制がほとんどです。つまり、毎月働いた場合の価格が賃金です。厳密に言えば、所定労働時間に対する価格が賃金となります。時間給や日給であっても同じです。1時間当たり、1日当たりの価格が賃金です。一定の時間に関する価格が賃金です。ところが、毎月支払われる給料の中には、時間外手当（残業）や臨時に支払われる手当が含まれます。すなわち、給料とは、賃金×労働量＝支給される料金、を意味しています。給料明細はありますが、賃金明細はありません。給料の内訳は毎月変わりますが、賃金は通常、4月に決まり1年間同じです。昇給などによって4月に新賃金が決まると、翌年3月まで継続します。残業時間などは毎月変わりますから、時間外手当を含む給料は毎月変動します。したがって、明細が必要になるわけです。給与は、賃金と同じように使われますが、給与とは一方的にあてがい与えることを意味し、必ずしも賃金を意味する言葉ではありません。一方的な給し与えるでは、労使対等の交渉による賃金決定原則に反するので、労使関係上は好ましい使われ方ではありません。ただし、給料の原資に税金が含まれている場合は、給与が使われます。したがって、公務員の場合は給与となります。

■賃金と俸給

　英語で賃金に該当する単語には、salaryとwagesの2つがあります。salaryはホワイトカラー（事務技術労働者）の賃金

第2章　用語解説編

で、月給、年俸で支払われるもの。これに対し、wagesはブルーカラー（生産労働者）の賃金で、時間給で支払われるもの。翻訳するときに、前者を俸給、後者を賃金と訳したといわれています（笹島芳雄著「賃金決定の手引き」日経文庫）。公務員の賃金を俸給というのは、salaryをあてたからです。戦前、日本においても職員、工員といった身分差別があり、職員は月給、工員は日給と賃金の決定も支給形態も区別されていました。しかし戦後、民主化政策の下で労職区分が廃止され、現在、日本では両者を区別して使いません。したがって今日では、賃金と表現するのが適当と思われます。欧米では両者が依然として使い分けられているようです。現在では、公務員は俸給ではなく給与があてられています。これは原資に税金が含まれているからです。

　和製英語と思われる「サラリーマン」は、月給取りの意味で使われます。英語で表現すればsalaried manが正しい表現です。この言葉には、日給の工員が職員並みに月給になったという、身分上昇の満足感も表現されているように思います。今日では、社員のほとんどが月給制ですから、今ではそれほど頻繁には使われなくなりました。なお、salaryの語源はsalt（塩）。古代ローマ時代、真偽は定かではありませんが、兵士の働きに、当時貴重だった塩を与えたことに由来するといわれています。

■能力と実力

　能力が高い、実力があるというように、一般的には能力も実力も同じように思われます。人事管理においては違った意味で使われます。たとえば、彼は能力があるが、実力がない、と

73

いったように、違った意味で使われます。能力があるにもかかわらず、実力がないとはどんな場合をいうのでしょうか。人事管理では、能力、実力はどのよう意味で、どこが違うのでしょうか。

　能力とは、入社以来、本人が身につけた能力の全てを意味しています。具体的には、これまでの習熟（仕事の経験）、修得（知識、技術）、職歴（キャリア）、業績などの蓄積能力（保有能力）を指す用語です。社員としての能力と言い表すことができます。これに対し、実力とは蓄積能力の中から、現に今、仕事に役立つ能力だけを取り出したものを意味します。実力は、今、何がどれだけできるか、現に成果を上げ得る能力のことで、コンピテンシーとも呼ばれます。

　　能力……どんな能力を身につけているか（蓄積能力）
　　実力……高成果実現のためにどんな行動をとっているか
　　　　　　（時価）

　では、能力と実力は、なぜ一致しないのでしょうか。高齢化、構造改革、IT化などを受けて、蓄積された能力が、現実の仕事に適応できなくなってくるからです。技術革新が激しい今日においては、10年から15年で、知識や技術は現実への適応性が失われます。これを陳腐化といいます。また、高齢化の中で、体力、気力の低下によって、保有した能力が高くても、仕事に発揮することができないという現象が生じます。すると能力は高いが、実力は低いとなります。また、時間や費用の使い方、部下の指導や指示、顧客への説明などの行動特性が劣化すると実力は乏しいものとなります。実力とは、蓄積能力から陳腐化した能力を差し引いた、高成果実現行動力といえます。このような現象が起きると、能力と実力は一致しなくなります。

第2章　用語解説編

この現象を能力と実力のミスマッチといいます。特に、高齢者層に能力と実力のミスマッチが目立っているのが現状です。高い成果を上げ得るのは実力であって、能力ではないのです。

　そこで、人事管理の世界では、能力と実力を同義語ととらえず、使い分ける訳です。人材を育成する段階では能力主義をとるとしても、人材を活用する昇進、配置、目標設定などにおいては、実力主義を採り入れ始めるようになってきています。このような実力主義を導入していくためには、実力の評価（コンピテンシー評価）が必要になります。実力評価は、具体的な行動態様のモデルを基準として評価が行われます。基準となるコンピテンシーモデルは、高い成果を上げるための望ましい行動であり、要素ごとに5つの具体的行動短文（これをディクショナリーという）を列挙し、各人の実力をチェックするやり方で評価が行われます。実力で処遇（賃金）を決定するわけではなく、昇進、配置、目標設定など、人材の活用に使われます。

■平均と中位数

　平均とは数や量の大小の凹凸をならした数値です。平均の意味は、その平均と個々の数字との差がゼロになるもの、ということになります。平均は代表値ともいわれます。代表値には平均のほかに中位数というとらえ方があります。賃金の高さをみる場合、低いものから高い順に並べ中央の賃金が中位数となります。平均だと一人だけ高いもの（低いもの）がいると引っ張られて高くなる（低くなる）ことがあります。中位数は異常値に迷わされません。集団の多くの数値を唯一の数値で代表する中位数は中央値とも呼ばれます。この点で平均よりは中位数の方が統計的には意味があります。しかし、大規模の調査以外

75

は、ほとんどが平均の統計であり、使用するに当たっては、注意が必要です。日本の代表的な賃金統計である厚生労働省の賃金構造基本調査は平均の他に、中位数の統計も作られています。平均よりは中位数の方が、実態を表わしているといえます。平均の統計を使う場合は、平均の数字を絶対的なものと捉えるのではなく、一定の幅の中で捉えることが必要です。

賃金構造基本統計には四分位の統計も作られています。四分位とは低い方から高いほうに並べた分布を4つに区分し、下から4分の1番目を第1・四分位、4分の3番目を第3・四分位をとする統計です。第2・四分位が中央になり、これが中位数を呼ばれます。第1・四分位は低いほうの中央、第3・四分位は高いほうの中央とみることができます。四分位統計は賃金のバラツキの度合いを示していますので、自社賃金の実態が第1・四分位と第3・四分位の間にあれば、全体からみて妥当なレベルにあるとみることができます。なお、平均値に対し、四分位数、中位数、並数（最頻値）は特性値と呼ばれます。

■基本給と手当

基本給も手当も賃金ですが、両者はどう違うのでしょうか。決められた所定労働時間の労働に対し支払われる賃金を所定内賃金といいます。何の断りもなく賃金という場合、その賃金は所定内賃金を意味します。所定内賃金は基本的賃金と付加的賃金の2つに分かれます。基本的賃金とは全員が対象となる賃金で、職能給、年齢給など○○給と表現します。付加的賃金とは特定の条件を満たす者が対象となる賃金で、△△手当と表現します。したがって理論的には、全員に支給する手当はありませんし、特定の人に払う基本給もあり得ないことになります。

第2章　用語解説編

```
所定内賃金───基本的賃金（全員）……基本給
         └──付加的賃金（特定）……手　当
```

　賃金決定においては、基本給の充実が何よりも優先されなければなりません。手当はできるだけ簡素化すべきものです。基本給と手当の割合は、平均的には85：15となっています（厚労省「就労条件調査」）が、大企業では90：10、中小企業では80：20が実態です。賃金体系が理論的に整備されている大企業の手当は少なく、逆に中小企業では手当の項目を増やすことで、一見賃金を高く見せる傾向があるため、手当の割合が高く出ます。賃金の高さは所定内賃金で議論されます。手当の多い企業の賃金が高いとは限らないのです。規模の小さな企業ほど手当の割合が大きくなっています。といって中小企業の賃金が高いわけではありません。中小企業は基本給の決定を曖昧にしたまま、手当を重視する傾向が強く、結果として手当の割合が大きくなります。

　賃金の高さの統計は、全て所定内賃金で調査されます。賃金体系は企業によって異なり、共通な項目は所定内賃金に限られるからです。

■所定内賃金と基準内賃金

　所定内賃金とは所定労時間内賃金を意味し、その企業の定める所定の労働時間勤務することで支払われる賃金です。賃金統計は、特に断りがなければ、全て所定内賃金と考えて間違いありません。日本の賃金支払い形態は大部分が月給制ですから、月単位の所定内賃金で調査が行われます。企業を超えて共通の指標となるのは、所定内労働時間です。したがって、ほとんど

77

の賃金統計が毎月の所定内賃金はどの程度なのか、として調査が行われるわけです。毎月いくら支払ったか、となると所定外労働時間（残業）も含まれた実態となります。これは月例賃金とか、毎月決まって支給する給与、といった呼び方に変わります。毎月勤労統計（略称、毎勤統計）がこれに当たります。

　基準内賃金とは、特に決まった定義があるわけではなく、企業によって、あるいは労使間で定義した使われ方をします。基準内賃金には、①所定内賃金と同義語、②賃金交渉の対象となる賃金、③賞与の算定基礎、④時間外賃金の計算となる賃金、などがあります。その企業、労使によって異なりますので、基準内賃金とは何を指すのか注意してみる必要があります。労使間では、②の賃金交渉となる賃金、が一般的ですが、同時に賞与計算の基礎賃金と位置付ける例も少なくありません。基準内、基準外の区別は賃金規定や労働協約で明示されますが、大部分のものが対象となる賃金項目を基準内賃金と呼ぶのが一般的です。一部の者に支給される手当は除かれますが、家族手当は入れる労使が多いようです。

■ベアと昇給

　ベアとは賃金表の改定、昇給ないし定昇は仕事、能力、年齢などの労働力の変化を受け止めるもので、両者の性格は全く異なります。両者の違い、特徴を対比しながら見てみましょう。ベアは賃金表の改定ですから全体が対象となりますが、昇給は仕事、能力、年齢などが変化した個人だけです。どのような場合に実施されるかといえば、ベアは生計費（物価）や生産性（経済成長）があった時ですが、昇給は仕事、能力、年齢の変化したときです。ベアはレベルアップですが、昇給は賃金表の

第2章　用語解説編

中での移動ですから、サイクルに過ぎません。ベアは値段の引き上げであり、労使交渉が必要です。しかし、昇給は制度の運用にかかわる問題ですから、交渉の必要はありません。ベアの実施は4月1日が最適です。初任給などはベアによって改定されます。新入社員の入ってくるのは4月です。昇給は何時でなければならない、というわけではありません。しかし、多くの企業の賃金規定には年1回昇給を行うとされているのが一般的です。となれば、定昇は3月31日（ベアの直前）が相応しいといえます。賃金表の改定であるベアには査定はありませんが、昇給には査定が必要です。ベアは物価や経済成長を受け止めるものですから、優れて社会的なもので、表示は何％となりますが、昇給は企業の制度に基づく賃金表の中でいくら上がったかですから額で表します。

図表1　ベアと昇給ないし定昇の性格と機能の違い

基　準	ベ　ア	昇給ないし定昇
対　　象	全　体	個　人
要　　素	生計費、生産性	仕事、能力、年齢
構　　造	水準（ライフレベル）	格差（ライフサイクル）
運　　用	交　渉	制　度
期　　限	4　月	随　時
査　　定	無	有
表　　示	率（％）	額（円）
性　　格	社会性	企業性

■定昇延期と定昇中止

　定昇延期も定昇中止も、定昇を行わないという点では同じですが、その内容や賃金への影響は大きく異なります。具体的な

79

中身や影響を考える前に、定昇の性格や機能について、確認しておきましょう。定昇とは、毎年、ある時期に（通常は4月、実務的にはベアの一瞬前の3月31日）、従業員の大部分が恩恵をうける昇給分です。ここで定期的とは毎年です。したがって、年数や年齢に応じて実施される昇給と捉えることができます。仕事や能力は毎年変わる訳ではありませんから、これらに係る昇給は定昇には該当しません。どのような基準で賃金を決めるか、賃金体系の組み立てによっては定昇のないケースもあり得ます。統計的には8割程度に定昇制度があります。ということは、年齢や年数にかかわる賃金（昇給）制度が採用されているのが実態です。

さて定昇とは、年1回実施することが約束された昇給である、と理解してください。そう考えると、定昇延期と定昇中止の違いが理解されるでしょう。定昇の延期とは実施時期の延期です。本来4月から実施するところ10月から実施するといったものを、定昇の延期といいます。これに対し、定昇の中止は、見送り、休止、凍結、などともいわれ、定昇を1年間実施しないことを指します。図表でみるように、定昇の中止ないし見送りは定昇分の実質的な賃下げを意味します。

図表2　定昇中止（見送り）

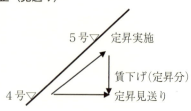

なぜかといいますと、定昇とは現在4号にいる人が5号に引

第2章　用語解説編

上げることを意味します。ところが、この定昇を中止すると、4号のままで据え置かれます。本来5号になるべき賃金が4号に据え置かれたのですから、**図表2**でみるように、定昇分だけ賃下げになります。定昇中止は在籍者の定昇を据え置くだけで済むわけではありません。賃下げは、初任給の引下げも必要とします。新入社員を採用していないから、影響がないと考えることはできません。賃下げですから、実務的には、賃金表（ベース）の改定（ダウン）を行う必要があります。もし、賃金表の改定をしないと、例えば中途採用者を採用した場合、旧賃金表を適用することになり、在籍者とのバランスを欠くことになるからです。

　定昇中止は、できるだけ避けるべきでしょう。なぜなら、定昇を中止すると、上でみたように、前年入社者と今年入社者との賃金が一致してしまいますから、初任給の引き下げが必要となります。定昇中止は、新卒採用にも影響を及ぼします。定昇がいろいろな事情で難しい場合でも、中止するのではなく、定昇の実施時期を延期（例えば半年遅らす。10月実施など）での対応が望ましいといえます。中止は賃金の切り下げであり、賃金表の改定（ベースダウン）が必要ですが、延期は賃金表は現状のまま、適用時期をずらすことで対応できます。しかも、延期期間は人件費の抑制も可能です。一定期間、初任給と1年前の入社者が同じ賃金となる現象は起きますが、延期期間後は定昇が実施されますから、賃金水準は維持され、翌年の定昇も制度的に実施することができます

■評価と査定

　評価と査定はまったく意味が違います。評価とは能力や仕事

81

など、その実態を把握することです。いわば「事実の正確な把握」が評価であるといえます。これに対し、査定とは評価の結果を処遇に結びつけることを意味します。評価とは事実の確認、すなわち目標や期待を物差しとする定性分析、評価は絶対評価となります。期待される程度であればB、期待される程度を上回ればA、下回ればCと評価します。これに対し、査定とは評価結果を賞与、昇給、昇格、昇進など処遇にどう結びつけていくかをいいます。運動会に例えれば、評価は記録係、査定は商品係の役割です。評価と査定を同時に行うことはできません。現場の管理者は記録係、人事担当部門が賞品係となります。人事評価は、いついかなる場合も絶対評価でなければなりませんが、処遇に結びつける査定の場合は、相対区分、絶対区分の２つを使い分ける必要があります。本文（第１章基礎知識編、第11節）でも解説したように、相対区分とは評価の高い順に並べて、あらかじめ決めた左右相対の正規分布割合で区切るものです。これに対し、絶対区分とは何点以上はどのランクというように区分するもので、どのランクがどのような割合で分布するかはわかりません。評価と査定を明確に区分するためには、考課者の意識改革が重要ですが、考課表にも工夫が必要です。考課者は基準に対する評価に徹底させ、総合点などの点数付けから解放させる必要があります。

　評価と査定と類似した用語に「評定」があります。評定とは評価と査定の領域を区別しない表現で、適切な用語とはいえません。人事考課を賞与、昇給など処遇決定だけを目的にしていた時代によく使われた用語です。今日では使わないほうがいいと思います。また、「考課」とは評価、目標面接、フィードバック、育成までの一連のプロセスを指す、広い意味の用語で

第2章　用語解説編

す。評価と同義語で使う場合もあります。

■賃率と賃上げ率

　混同しやすい言葉に賃率と賃上げ率があります。賃率は賃金率とも言いますが、日本では賃率という概念が乏しく、日常的に使われることは殆どないといっても過言ではありません。しかし、今後使われる可能性が出てきた用語です。賃率とは通常単位当たり賃金の意味で1時間当たり賃金を指す場合が多い。では、何に対する賃金かといえば、仕事に対する賃金です。つまり、ある仕事に対する賃金の時間当たり賃金を意味します。ヨーロッパの産業別労使は仕事の賃率を交渉によって決め、これを1つの社会的賃金として確立します。日本のように毎年ではなく、2～3年ごとの交渉が一般的です。同一労働同一賃金が問題視されると、日本でも賃率が議論されることになるかもしれません。

　賃上げ率とは、平均賃金の引き上げ率を指します。日本の春の賃金交渉は、要求時点の組合員の平均賃金（基準内賃金）をいくら上げるかの交渉を行います。ヨーロッパのように仕事の値段を決める交渉ではなく、組合員の平均賃金をいくら上げるかの交渉です。賃上げ率の中には定昇も含まれます。なぜなら、定昇も平均賃金を引き上げるからです。労働力の質の向上を受け止める定昇と賃金表の書替えを意味するベアの区別はしません。1955年（昭和50年）にスタートした一般に春闘といわれる賃金交渉は、平均賃金をいくら上げるかの労使交渉でした。賃金水準を上げるのはベアであって、定昇は賃金水準を1円も上げません。ベアと定昇を区別するには賃金表が欠かせません。ベアとは賃金表の書替えであり、昇給（その中で定期的

なものが定昇）は賃金表の中での場所の移動、すなわち適用による個人の賃金の上昇です。しかし当時賃金表は民間ではそれほど普及していなくて、ベアと定昇を区分した交渉はできませんでした。平均賃金交渉にならざるを得ませんでした。ベアと定昇を区別した賃金交渉が個別賃金交渉です。近年は個別賃金交渉に切り替える労使も出てきています。労使交渉という面からみると平均賃金交渉ではなく、個別賃金交渉が望ましい交渉のあり方です。

■人事管理と労務管理

人事管理も労務管理も同義語として使われることも多いのですが、最近では両者を区別して使われることが多くなりました。人事管理とは人事・賃金制度の設計や運用、異動・配置など人事当局が行う中央制御を意味します。すなわち、制度の設計やその運用が人事管理です。これに対し、労務管理とは職場の上司が行う目標面接、評価、育成、指導などの個別管理のことです。労務管理とは制度に従い、公正に運用するための職場における一人ひとりの管理と言うことができます。労職区分があった時代、職員の管理を人事管理、生産労働者（工員）の管理を労務管理といったこともありました。

■平均賃金と個別賃金

賃金には個別賃金、個人別賃金、平均賃金の３つのとらえ方があります。３者は意味も性格も機能も違います。３者の違いを正確に理解して使い分ける必要があります。賃金とは労働または労働力の価格ですから、一人ひとりの賃金を公正に決めていくためには、賃金決定の仕組み（賃金体系）を明確にすると

第2章　用語解説編

同時に、価格表としての賃金表を用意する必要があります。この値段表に示された賃金を個別賃金と言います。個別賃金とは仕事、能力、年齢など銘柄を指定した賃金ですから、個別賃金は条件別賃金とも呼ばれます。この賃金表をベースに一人ひとりの賃金が決まります。これを個人別賃金といいます。個人別賃金は一人ひとりの賃金ですから、従業員の数だけ存在します。100人の会社には100人、1000人の会社には1000人の個人別賃金があることになります。この個人別賃金を一人当たりで表したものが平均賃金です。平均賃金とは一人当たりの賃金ですから、人件費の概念です。３者の関係を図示すると**図表３**のようになります。

図表３　個別賃金、個人別賃金、平均賃金の関係

個別賃金と個人別賃金の間には人事制度（評価と育成）が影響してきます。個人別賃金と平均賃金の間には労務構成が大きく影響します。平均賃金交渉では、いくら上げるかを決めた後、配分によって個人別賃金が決まります。このように３者の賃金は性格が全く違いますから、使い分けが重要です。賃金が高いかどうかは個別賃金で行う必要があり、平均賃金で高いか低いかを判断するのは間違いです。個人別賃金は制度の運用の結果ですから、公平な賃金決定が行われているかの検証に使われます。平均賃金はわが社の人件費が適正か否かを検証するには有効です。

　　・個別賃金……
　　　銘柄別賃金（賃金表）　⟶　賃金の高さ（公正さ）

- 個人別賃金……
  一人ひとりの賃金 ⟶ 運用のバラツキ、ゆがみ（公平さ）
- 平均賃金……
  一人当たり賃金 ⟶ 人件費の概念（適正さ）

■年齢給と年功給

　年齢給を年功給だと考える人がいますが、それは間違いです。年齢給とは年齢別生計費をカバーする生活給であって、年功給ではありません。生活給ですから、生計費カーブに準拠して設計されます。子供が独立すれば（扶養から離れる）生計費は止まります。子供が全員扶養から離れれば、生計費は縮小します。したがって、年齢給はある年齢で昇給は止まり、ある年齢からはマイナス昇給をいれるのが理論的となります。年齢とともに定年まで上がる年齢給は生活給ではなく勤続給と言えます。年齢給の役割は賃金を一定のレベルまで引き上げ、生活の安定軌道に乗せるのが目的です。そのレベルは最低生計費（ミニマム）です。一般的にみて管理職ともなれば、その賃金は最低生計費のレベルを超えますので、管理職には年齢給は必要なくなると言えるでしょう。年功給とは勤続給を意味します。勤続が賃金決定の基準として有効な時は、勤続で賃金を決めることが公正な賃金となります。一人前になる、あるいは必要な技能を身に着けるために相当の時間を必要としているときは勤続で賃金を決めることが理解されます。しかし、技術が進歩し、仕事に必要とする知識・技能の習熟期間が短縮すると、勤続は有効性を失います。年功給は勤続だけではなく、勤続の他に学歴と男女（性別）を重視した決定である点が大きな問題でした。年功給では学歴・男女は能力の代理指標の役割を果たして

第2章　用語解説編

いたのですが、これらは努力によって変えられない属人的要素、差別につながりかねません。勤続給は勤続による習熟給だった訳ですが、努力によって変えることのできる要素、すなわち一人ひとりの能力を見つめる賃金決定に変わりつつあります。両者は全く性格の異なる賃金ですが、まだまだ、勤続、学歴、男女を重視する傾向も残っています。

■能力主義と成果主義

　能力主義とは人材の育成を軸に、経営の発展、処遇の向上を図っていこうとする人事管理ですから、企業の期待する人材像を具体的に明示し、これを目標として人材の育成を行う考え方を言います。したがって、能力主義賃金には定昇があり、原則として降給、降格はありません。これに対し、成果主義とは各人がどのような職責や役割を果たすかを設定し、その職責や役割の評価と達成度に注目する仕事基準人事です。定昇はなく、降給、降格のある人事管理です。能力主義とは人基準、成果主義は仕事基準である点で、対照的な人事管理と言えます。日本は人基準ですが、欧米は仕事基準の人事です。

　能力主義を制度として確立するためには、能力の基準となる職能資格制度（期待する能力像、能力開発のラダー）が、人事制度として導入される必要があります。能力の基準は等級基準（職能要件）として具体化されます。これをもとに一人ひとりの能力開発が行われ、能力の評価が実施され、評価結果はフィードバックして育成に結びつけます。賃金は能力のレベルに応じて決まる職能給となります。能力主義は、**図表 4** のように評価、育成、処遇が、職能資格制度を軸にトータルで展開する仕組みが条件になります。

87

図表4　人事のトータルシステム

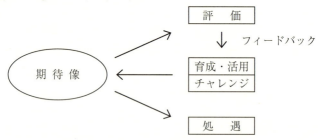

　成果主義は仕事基準とする人事管理で、かつては職務主義などと呼ばれたこともあります。

　成果主義は仕事基準ですから、導入するためには仕事の難易度（価値）を整理した職務等級が必要です。仕事の価値は職務分析・職務評価を実施して決めます。仕事基準賃金は仕事に人を就ける雇用慣行が条件になります。つまり、職務を指定して採用することが前提になりますから、異動はもちろん職種の変更もできません。社内で人材育成することはなく、採用時にその仕事に必要な知識・経験を持った人を採用して人材を活用する人事管理です。人件費に無駄がなく、労働者の職務意識が強いのが特徴です。しかし、異動ができないため組織が硬直的となるなどの問題があります。定昇がない、降給ができるなどに注目して、1990年代に導入を試みた企業もありましたが、日本ではあまりうまくいきませんでした。強いて言えば、管理職を対象に導入することができるかと考えられます。ただし、このクラスであっても、異動の対象となるなら、100％仕事基準賃金とはできないでしょう。例えば、能力基準の職能給と仕事基準の役割給を組み合わせた賃金にならざるを得ないものと思われます。

第2章　用語解説編

■昇格と昇進

　昇格と昇進は全く異なる概念です。昇格とは能力の高まりを受け止めた職能資格の上昇を意味するのに対し、昇進とは部長、課長など役職への登用を指します。昇格と昇進の関係を式で表すと、次のような関係になります

　昇進＝昇格＋適性・実力＋定員（欠員）

　能力が高まれば昇格ができます。しかし、能力があれば、だれでも管理職に昇進できるわけではありません。管理職（役職）に昇進するためには適性・実力が問われます。組織の長になるには判断力や管理・統率力が優れていなければなりません。また、実力（時価）を備えている必要があります。能力があり、適性・実力があっても、役職ポストには定員があり、欠員がなければ、役職に昇進することはできません。能力は努力によって高めることは可能ですが、役職は組織の都合で編成されるものです。組織の柔軟性を維持しながら、処遇の安定性を実現するためには、昇格と昇進を分離する必要があります。昇格すると必ず昇進するとか、昇進すると必ず昇格するといった癒着したやり方ではなく、両者を分離して運用することが望ましいと言えます。したがって、辞令も2つに分かれます。昇格は処遇辞令（任ずる）、昇進は配置辞令（命ずる）に分かれます。昇格と昇進の分離は運用面からも分ける必要あります。昇格は卒業方式で行われ、降格はありません。定員もありませんが、昇進は降職がある入学方式で、定員があります。昇格判定の人事考課（能力評価）は事後評価ですが、昇進に必要な適性・実力は事前評価（アセスメント）で判定します。このように昇格は能力開発主義の人事管理を実現するものであるのに対

89

し、昇進は適性活用主義、実力選別主義の人事管理を実現するものですから、はっきり分離して運用する必要があります。

図表5　昇格と昇進の違い

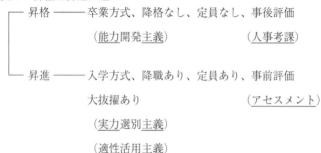

■相対考課と絶対考課

相対考課とは選別を狙いとする比較による評価です。基準はないが、枠（分布制限）があります。一般的に評価の結果はマル秘で公開されません。絶対考課とは育成を狙いとする基準（期待目標）を用意した分析型評価です。枠はありません。期待以上であれば全員が高い評価を受けます。評価の結果は本人に公開（フィードバック）して、育成に活用します。管理者の評価能力を高め、統一するための考課者訓練が行われます。

図表6は相対考課と絶対考課の狙い、手法、基準の有無などの特徴を整理したものです。これまでの人事考課は処遇に差をつけることが狙いでしたから、ある集団の中での優劣を比較する相対考課の手法で行われてきました。しかし、最近の人事考課は処遇だけに活用するだけではなく、むしろ育成に活用する狙いに変わりつつあります。そこで手法も絶対考課に切り替える企業が増えてきました。絶対考課が成立するためには3つの

第2章　用語解説編

要件を満たす必要があります。3要件とは、基準の明示、フィードバック（育成への活用）、考課者訓練の実施です。これからの評価制度の要件は、公平性、納得性、透明性が担保されることですが、相対考課では3要件を実現できません。絶対考課は3要件を満たすことができます。

図表6　相対考課と絶対考課の違い

項　目	相対考課	絶対考課
実施目的	選別	育成
考課手法	比較	分析
考課対象	集団内の優劣	個人の長所・短所
考課基準	基準無	基準有
分布制限	制限有	制限無
調　整	事後調整（調整会議）	事前調整（考課者訓練）
結果の公開	非公開（マル秘）	公開（フィードバック）

■成績と業績

　成績も業績も同じ意味のように使われますが、両者の性格は全く異なります。成績とは仕事（役割）の達成度を指し、仕事（役割）のレベルは問いません。低い仕事でもよくやったら高いと評価します。しかし、業績では、達成度に加えて仕事（役割）の高さも考慮します。低い仕事をいくら早く正確に仕上げても、高い評価とはなりません。仕事がどの程度できたかの達成度だけでなく、仕事のレベルを重視するからです。両面を問うものが業績です。成績は達成度ですが、業績は貢献度となります。業績を評価できるのは、職務の選択や拡大が自由にできる状態にある場合に限られます。命じられて仕事をする立場に

91

ある者の業績は問えません。業績を問えるのは、管理職および営業部門、開発部門に限られると考えられます。

■モデル賃金と実在者賃金

モデル賃金統計は労使間で、高さを議論するときに、よく使われる賃金統計です。

モデル賃金とは学校を卒業して直ちに入社し、その後標準的に昇格、昇給を繰り返した場合に辿る賃金を指します。モデル賃金統計には理論モデル、実在者モデル、実在者賃金モデルがあります。理論モデルとは賃金表からモデル者の賃金を読み取ったものです。理論モデルを作るには賃金表が導入されていることが必要です。賃金表がない場合は、実在者の中からモデルと思われるものを探し、賃金を読み取って作ります。いわば、理論モデルの代用品です。実在者モデルは読み取る人の恣意性が入る点で、不安定になる可能性あります。そこで恣意性を排除して統計的に処理したモデルが実在者賃金モデルです。実在者賃金とは標準入社の全部を対象として、各年齢の平均値（または並数、中位数など）を取ったものです。官公庁や諸団体が調査するモデル賃金統計は、実在者モデルで調査される場合が多いようです。モデル賃金統計を活用するときは、どのようなモデルで調査されたものか、注意してみることが大事です。

■賞与と一時金

日本では一般にボーナスと言われる年間４～５ヵ月の臨時給与があります。支給額が予め決まっていないので、賃金としては臨時給与または特別給与の位置づけにあります。臨時給与の

第2章　用語解説編

性格としては、生活一時金と業績賞与の2つの機能を併せ持っていると言えます。労働組合は生活一時金の立場に立ち、経営側は業績賞与の立場でとらえていますが、客観的に見て、両者の性格を併せ持っているとみて間違いないと考えられます。労働者は12ヵ月の賃金だけで生活を営んでいるわけではありません。臨時給与の一部を生活に充当しています。また、臨時給与は企業業績（成果）で変動する割合が大きいのが実態です。

　賞与とは超過成果の配分で、一般に業績賞与と呼ばれています。一時金とは年間理論必要生計費と実態年収とのギャップ分です。今後、臨時給与を考えていく場合、生活一時金と業績賞与の性格を前提とすることが必要です。できれば、変動業績賞与、固定生活一時金の仕分けを行っておきたい。両者の相互割合は月例賃金のレベルによって違ってきます。

■付加価値と経常利益

　付加価値とは売上高から外部購入費を除いたもので、労使が生産活動の場を通じて付加した新しい価値を言います。純生産とも言います。経常利益とは、付加価値から人件費、賃借料、金融費用を除いたものです。

　労使が賃金交渉を行うときの業績（あるいは成果）の指標は付加価値が望ましい指標です。なぜなら、経常利益は人件費を抑制することで増やすことができる点で、労使が共有できる指標とはなりません。労使が共有できる業績指標は付加価値生産性（＝1人当たり付加価値）です。ところが決算書の指標には付加価値という項目はありません。労使で計算する必要があります。そのためか賃金決定で付加価値が議論される機会が少ないのが実態です。

93

図表7　付加価値の構成

売　上　高（OP）				
付加価値（V）				外部購入費
租税公課、配当、利益（内部留保） ――――――――――――― 経常利益（R） （経営者）	賃借料 （地代家賃）	金融費用 （銀行）	人件費 （社員） （W）	材料費、仕入商品、外注加工費、動力費、諸経費

　付加価値＝経常利益＋人件費＋金融費用＋賃借料

　この算式からわかるように　人件費はコストではありません。生産活動に参加者したパートナー（社員）が受け取る利益です。

　賃金決定に当たっては、1人当たり付加価値（V／L）を労使で測定、確認しておくことが重要です。労使関係でよく取り上げられる付加価値率（V／OP）は、人間に例えれば、体力を、経常利益率は（R／OP）体調を表していると言えます、労働分配率（W／V）はまさに労使関係を表しているとみることができます。

第3章

政策編

賃金決定を取り巻く環境が大きく変化する中で、今後
予想される課題に労使はどう取り組むべきか、どのよ
うな問題が発生するのかなど今日的8つの課題を取り
上げて考えています。今日的課題であり、どの企業労
使にも関連するものですので、今後の賃金政策確立の
参考にしてほしいと考えます。

● 第1節　同一労働同一賃金の実現

　ここにきて同一労働同一賃金への関心が急速に高まっています。政府が「一億総活躍プラン」実現の一環として、欧州の制度を参考にしながら、非正規労働者の処遇改善を目指し、「同一労働同一賃金」の実現に取り組んでいるからです。そのための「推進法」も成立させました。そもそもなぜ同一労働同一賃金の実現が必要になって来たのか、その原因をはっきりさせておかないと、議論が空回りする可能性があるのではないでしょうか。一言でいえば、パートや契約社員などの、いわゆる非正規社員が4割にも達したことが背景にあると考えられます。このような雇用形態が必要で、社会的に定着するという前提で同一労働同一賃金が問題にされつつあるのが現状ではないのだろうか。確かに、正社員と同じような仕事をしていても、非正規社員の処遇が見劣りする現状を放置したままでは、働く人の不満が大きくなり、社会問題になりかねません。経済成長に悪影響を及ぼす恐れもあるからです。同一労働同一賃金議論の背景分析はさておき、では同一労働同一賃金は実現できるのでしょうか。まず、最初に、同一労働同一賃金とは何か、明らにしておく必要があろうかと思います。一般に「職務内容が同一または同等の労働に対し、同等の賃金を支払う」とする考え方をいいます。この考え方が発展し、仕事が異なっても、同じ価値なら同一賃金とする、同一価値労働同一賃金という言い方もされるようになってきています。推進法では「合理的理由」がなければ、同一労働に賃金差をつけるのは許されない、とされています。このような政府方針に対し、経営者団体の経団連は「同

一労働同一賃金の実現に向けて」と題する報告書を発表（2017年7月19日）。欧州型の同一労働同一賃金の導入は困難だとして、日本型労働慣行を反映した取り組みを求めています。その根拠として挙げているのは、長期雇用を前提とした社内人材育成システム、新卒一括採用などの実務未経験者の採用が主流で、欧州とは雇用慣行が大きく異なる点を挙げています。また、賃金は企業内の労使自治で決定しており、グレード職務給を前提とした産業別労働協約ではなく、賃金制度は企業によって異なる点を強調しています。非正規社員、とりわけパート社員は仕事が明確で、同一労働同一賃金が実現され易いとみられていますが。果たしてそうでしょうか。我が国では、パート社員といえども必ずしも仕事が特定されているわけではないのです。例えば、手元にある流通業の募集広告では、仕事は接客、販売、レジ、売り場づくりなど店内業務全般、となっていて、時給は明示されていますが、仕事ごとに決まってはいません。採用後配置によって仕事が決まります、通常の社員と何ら変わることがないのが実態です。パート社員という雇用形態（あるいは資格・身分）で決まっているのが実態なのです。正規、非正規に拘わらず仕事ではなく、人で賃金を決めているのが現実です。これが、日本的雇用慣行とするならば、「我が国の雇用環境には十分配慮しつつ」という政府の方針による実現はかなり難しいと言わざるを得ません。パート社員でさえ仕事が特定できないのですから、社員の仕事との比較はさらに難しいと言わざるを得ません。同一労働同一賃金実現が越えなければならない壁は高いといえます。といって、通常社員の採用、企業内人材育成などの雇用慣行はそう簡単には変わらないだろうと思われます。同一労働同一賃金の必要性を認めつつも、その早期

の実現には疑問を持たざるを得ません。同一労働同一賃金の実現には、上に見たように、日本的雇用慣行が1つの壁になっています。もう1つの壁は、賃金体系や支払い形態からの問題点（壁）です。日本がモデルにしようとしている欧州の賃金決定は、仕事基準です。しかも基本的に基本給1本で、手当などはない。これに対し、日本の企業の賃金体系は、仕事基準ではなく、人基準（能力）基準であり、仕事は組織の都合、あるいは本人のキャリア形成の一環として、その都度編成されるものです。わかりやすく表現すれば、仕事に人を付ける欧州のやり方に対し、人に仕事を付けるのが我が国の人活用のやり方です。人と仕事の関係は全く逆となります。日本における人と仕事の関係は極めて柔軟で、固定的ではないのです。先の経団連報告が指摘しているように、長期雇用を前提に企業内人材育成を図るために、賃金決定に、生活保障の側面も重視しています。一定の生活保障の役割を担う年齢給や家族手当が、多くの企業の賃金体系に組込まれているのはそのためです。仮に、基本給を欧州のように仕事基準に切り替えても、生活給の存在がある限り、完全な形での同一労働同一賃金の実現は難しいと言えます。今後、正社員と非正規社員間の、同一労働同一賃金を目指すなら、生活給を弱めていかなければならないと思う。90年代に成果主義賃金の名のもとに、仕事基準賃金の導入を図った企業もあったが、殆ど定着しませんでした。その一因は、日本型雇用慣行を温存しながら、かつ生活給の行方をそのままにしたからです。木に竹を接ぐようなやり方では、賃金決定はうまくいきません。幸い、賃金水準や初任給の上昇により、生活給のウエイトは弱まりつつあります。後は、仕事基準の決め方が受け入れられるかどうかです。人材育成期は人基準（能力）でい

かざるを得ないと思われますが、人材活用期に入ってからは、仕事基準に切り替えることは可能と思われます。ただし、この期に及んでも異動の可能性を残すなら、仕事基準100％とはいかないでしょう。能力プラス仕事で組み立てるようにすべきでしょう。賃金体系の変更が、同一労働同一賃金実現のカギを握っているといっても過言ではありません。

労働組合の金属労協は、第3次賃金・労働政策の中で、同一労働について、知識・技能、身体的・肉体的負担、責任、職場環境の4要素を判断基準とし、同一の職務能力を必要とする労働に対して、同一賃金を適用していく、との方針を示しています。4項目の判断基準を条件に、同じ能力を必要とする労働には同一賃金を適用するとしており、必要能力が同じなら同一賃金の考え方です。能力を判断基準に労働をとらえている点で、ある意味で日本的な雇用慣行を踏まえた政策といえます。この場合でも生活給の取り扱いが焦点となります。

また、欧州には社会的な賃率概念が定着していますが、我が国には賃率という考え方はないに等しい。賃率（賃金率ともいう）とは、通常1時間当たりの賃金（値段）を指します。仕事ごとの社会的賃率が決まっており、企業によって異なるわけではないのです。社会的賃率が存在するからこそ、正規、非正規の賃金を同一労働同一賃金で決めることが可能なのです。つまり、欧州の賃金は時間給制ですが、日本は月給が主流で、しかも水準は企業ごとに異なっています。社会的な賃率概念は乏しいのが実情です。もちろん、月給で同一労働同一賃金を議論することも可能ですが、今問題になっている非正規労働者（ほとんどが時給制）との比較は簡単ではありません。月給制においては月の就労日数に関係なく一定の金額が支払われますが、時

給制においては就労日数でその月の賃金支払が決まります。支払いの考え方が根本的に異なるわけで、月給を時間給に換算して比較すれば済むわけではないのです。この点でも同一労働同一賃金実現の難しさがあると言えるでしょう。

第3章　政策編

● 第2節　65歳定年時代の人事・賃金政策

　長く続いた55歳定年が60歳に延長されたのは80年代です。その時取られた賃金政策は55歳時の賃金減額でした。旧定年時の基本給の70%とするといった対処が多く見られました。付帯的には役職定年、退職金の55歳凍結なども行われました。本来これらの政策は定年を延長している間の暫定措置で、60歳定年が完了した暁には抜本的な人事・賃金制度改革が実現されなければなりません。しかし、ほとんどの企業が、当時のままの制度を続けています。果たして、65歳までの希望者全員の継続雇用についても、ほとんどの企業が定年延長ではなく、労働条件の見直しが可能な再雇用制を採用しています。なぜ、定年延長や定年廃止が実現しないのでしょうか。60歳代の処遇のあり方や活用策が検討されないからだと思われます。たとえば、役職定年とは一定年齢による役職解任制度です。役職を年齢で任用するとか解任するのは理論的ではありません。役職は交代しなければならないが、年齢で一律に行うことが企業にとってプラスなのでしょうか。それもこれも、年齢という個人にとって抗えることができない事実に基づいて実施する方が、抵抗が少ないし、ある意味で平等（？）と思えるからでしょうか。退職金もしかりです。勤続年数の上限（例えば、最高35年とか）を設けるなどの措置が取られました。会計基準の変更を受けて、確定給付型から確定供出型への変更や算出基準を基本給からポイント制に移行した例は多いですが、退職金の水準まで見直した例は少ない。

　本来、高年齢者の賃金決定はどうあるべきか。役職とは何の

101

ためにあり、果たすべき役割は何か。退職金を支給する根拠は何か、何を基準にいくら支給するのが妥当か、など根本的な議論が必要なはずです。現在の状況は根本的な検討はなく、唯々高齢者賃金の抑制だけが、理論的な根拠もなく行われています。労働条件のあるべき姿よりも、雇用の優先が、不満を抑え込んでいるのが実態です。しかし、このような状態がいつまでも続くとは思えません。この機会に、人事賃金制度はもとより、役職制度、退職金制度の今後のあり方を、労使で検討するべきではないでしょうか。労働力の不足が予想される今日、高齢者の公正処遇と積極活用は企業にとっても重要課題となってきていると言えます。

　65歳への定年延長（継続雇用）は、20歳前後から65歳までの生涯ベースの長期的な視点から、人材の育成と活用及び公正処遇のあり方を検討しなければならないと考えられます。人事・賃金制度を取り巻く環境は激変しており、過去の制度の部分的な修正では対応できなくなっています。65歳雇用を条件とする人事管理のあり方や労働条件全般の見直しが求められていると思われます。

第3章　政策編

● 第3節　成果主義（仕事基準賃金）導入の要件
～従業員が共感できる成果主義～

1．賃金決定の3要件

　能力主義賃金がいくつかの課題に直面するに従い、仕事基準の成果主義賃金が注目されるようになってきました。どのような賃金制度であろうとも、従業員が公平性と納得性を感じない制度は定着しないし、運用も上手くいきません。成果主義賃金とは仕事の価値で決める賃金で、その必要性が叫ばれて久しいのですが、従業員が共感できない成果主義は、導入しても成功しません。従業員が共感できる成果主義とは公平性と納得性が確保されているか否かで決まるといっても間違いではないと思います。では、公平な賃金決定、従業員が納得する条件とは何でしょうか。

　賃金問題を考えるにあったっては、3つの条件を踏まえることが必要です。1つ目は、賃金決定の理論を十分踏まえること。2つ目は自社にあった最適な制度が選択されていること。そして3つ目は、人すなわち人材側面が重視されていることです。最近ともすると理論を軽視し、他社の動きに追随して制度を組み立て、自社の組織風土に適するかを検討せず、かつ人の側面よりも人件費に目を奪われた賃金制度が少なくありません。

　成果主義の導入が不可欠であるとしても、理論を踏まえた賃金決定がなされなければ、従業員の支持は得られません。ましてや自社の組織風土や従業員、労使関係に受け入れられる制度設計がなされなければ、その反動は不平不満となってあらわ

103

れ、結果として業績の低下さえもたらしかねません。生産活動の担い手は人です。成果主義は従業員のヤル気やチャレンジを引き出し、組織の活性化を実現するものであって、人件費の合理性のみを追求するものであってはならないと思われます。まず、成果主義導入の狙いを再確認する必要があります。

2．能力主義と調和した成果主義を

賃金とは労働または労働の担い手である労働力の価格です。したがって、基本的に賃金は仕事や能力を基準とした決定でなければなりません。では、仕事と能力のどちらが望ましい決定でしょうか。職務・職種を指定せず社員として採用し、社内における人材の育成と活用を基本とするわが国の雇用システムにおいては、能力を基本とする賃金決定が望ましいといえます。どのような成果も人材の成長なくして実現することはできないのです。まず、人材を育てることが優先されます。しかし、入社以来蓄積された職務遂行能力と成果実現能力である実力の乖離現象が見られる今日にあっては、能力のみの決定は必ずしも公平とはいえないと言えます。一人前にスキルを高める人材育成期は能力主義の賃金決定が望ましいわけですが、育った後の人材活用期にあっては仕事基準すなわち成果主義の賃金をとるべきでしょう。

能力には生活能力、年功能力、職務遂行能力の３つがあります。勤続、学歴、性別を能力の代理指標とする能力基準の年功賃金は今日ではアンフェアな決定であり、止めるべきです。しかし、一定の生計費レベルまで賃金を引き上げる生活給としての年齢給は、今日でも必要です。生活の安定なくして、能力の開発も能力の発揮もできません。年齢給は生活給であって、年

第3章　政策編

功給ではありません。年齢給は一定の生計費レベルまで賃金を引き上げるのが目的ですから、現在の賃金水準からすれば、35〜40歳までは必要ですが、それ以後は不要と考えられます。

　人材育成を基本とする日本的雇用においては、職務遂行能力の高さを基準とする職能給は、これからも基本となる賃金です。職能給は年功に流れるといった理由で廃止する傾向が見られますが、これは誤りです。人材の育成は企業にとって永遠のテーマであり、能力開発の基準となる職能資格制度は今後も堅持するべきです。職能資格制度は具体的な等級基準に裏打ちされなければなりませんが、年功的になるのは曖昧な基準（抽象的な定義など）による運用が原因であることが多いのです。職務調査を実施して、具体的な等級基準（職能要件）を作り上げる必要があります。

　仕事にはその捉え方によって、職務、職責、役割、業績などに分かれます。仕事を基準に賃金を決めるとして、どの捉え方が適するでしょうか。仕事に人をつけるのではなく、人が仕事を創る人事を基本とする日本においては、職務はその都度最適な形で編成され組み立てられます。日本の人事には、仕事を固定する職務の概念は適さないと思われます。その都度職務の責任範囲を決定する職責か、職責に本人の付け加えた目標を加味した役割が適しているといえます。役割や職責の達成度が業績となりますが、業績は景気や天候など外部の影響を受けやすく、全てが個人の責任によるとは限らない場合が多い。したがって、仕事で決める賃金としては職責給か役割給が適していると言えます。業績は基本給ではなく、賞与に反映するようにしたい。

3．ステージ別の賃金体系を

このように考えると、これからの賃金は能力主義か成果主義かの二者択一の選択の問題ではなく、能力主義と成果主義を融合させた賃金決定が望ましいと思います。従業員が共感できる成果主義とは、能力主義を捨てた成果主義ではなく両者を調和させたもので、目指すべきはいわば日本型の成果主義です。人事制度や賃金制度は組織風土になじむ形で作られ、運用されるもので、制度のみを性急に切り替えても上手くいきません。成果主義とは本来仕事基準の賃金決定ですが、わが国においては人間基準の能力主義すなわち人材育成をベースとすることが要件となるのではないかと思われます。

賃金体系は、生涯労働の前半は能力主義を主体に、後半は成果主義に重点を置くステージ別に組み立てることが望ましいと言えます（第1章第5節22頁参照）。実際の基本給は、年齢的には30歳台までは年齢給と職能給、40歳以降60歳までは職能給と役割給、60歳以降は100％成果主義の役割給または職責給とします。ただし、このような賃金体系が成立するためには賃金カーブの修正が条件となります。現行の後立ちカーブのままでは、納得性は得られないでしょう。働き盛りの30歳台を立ち上げ、先立ちカーブへ修正する中だるみ是正が条件となります。

成果主義賃金とは能力主義賃金と違って降給もある仕組みですから、一定の賃金水準を上回る階層以上、例えば課長以上に適用するのが望ましい。40歳以上ともなれば必要な生計費レベルは十分カバーできているからです。しかし、一般社員に適用する場合は、これ以下には下げないといった年齢別最低保障（生活保障）が必要となるでしょう。また、カーブの修正によって不利益を受けると思われる高齢者については、65歳への

第 3 章　政策編

雇用延長で理解を得るようにしたい。

● 第4節　職種別賃金導入の条件
～職種別賃金体系の導入と運用上の課題～

1．職種基準の賃金決定

　賃金決定の1つとして、職種別賃金を検討する動きがあります。職種別賃金とはどのような賃金決定か、日本では導入が可能なのか、導入する場合の留意点は何かなどを考えてみたい。賃金には労働対価または労働力対価の2つ側面があります。労働対価とは仕事を基準とする賃金決定であるのに対し、労働力対価とは能力を基準とする賃金決定です。能力は各人の身に付けた能力の高さが基準となる点で、人間基準の賃金といえます。このように賃金体系は大きく分けて、仕事基準と人間基準の2つがあるわけです。仕事基準は仕事に値段をつける仕組みであるのに対し、人間基準は人の背中に値段をつける仕組みの賃金決定であるといえます。仕事基準の賃金としては、仕事の捉え方によって職務給、職責給、役割給などがあります。これらの賃金においては、仕事が変れば賃金は変わります。高い仕事につけば上がるが、低い仕事につけば賃金は下がることになります。人間基準の能力賃金としては年功給（勤続給）、年齢給（生活給）、職能給がよく知られます。能力基準賃金は仕事で賃金を決めるわけではありませんから、仕事が変っても賃金が下がることはありません。

　職種を基準とした賃金は、職種と熟練度によって決まる賃金で、基本的には労働対価の賃金です。職種とは、同じような仕事をグルーピングして職種とし、職種別に賃金表が作成されます。当然、職種が変れば賃金も変わります。職種別賃金は仕

第3章　政策編

事を基準として決める賃金制度の1つですが、熟練度を重視している点が大きな特徴です。職種別賃金が成立するためには、職種の編成や熟練度の基準が社会的に整備されていなければなりません。賃金体系の種別にその特徴を見たものが**図表1**ですが、職種別賃金や職務基準賃金の賃金カーブは年齢に対し先立ちカーブとなりますが、能力基準賃金は後立ちカーブであり、カーブの形は全く異なります。

　職種・職務を指定せず、企業内で人材を育成するわが国の雇用慣行においては、基本的には人材の定着を狙いとする能力基準賃金が相応しかったと言えます。定期採用、職種・職務未指定、企業内人材育成の雇用慣行は変質しているとはいえ、今後も継続されることは間違いないものと考えられます。職種別賃金を導入する場合、どのように調和を図っていくかが大きな課題となります。

　ヨーロッパのように職種別に労働市場が確立していない日本で職種別賃金を導入するには、まず、産業別に労使で職種区分や熟練度基準を作成することが望まれます。従来の職能資格制度は、等級基準は会社が違えばみな違うという企業別設定でした。今後は企業の枠を超えた職種別に転換していくべきです。企業内で編成された職種や基準では、企業外では通用せず、人材の流動化にも対応できないし、職種別賃金としては不安定な制度となるからです。また、職種別の賃金実態（世間相場）を正確に把握し、社会的な賃率として認知する必要があります。職種別賃金が成功するか否かは、職種の編成や熟練度基準の構築、賃金相場の形成といった社会的賃金への取組によるところが大きいと考えられます。

図表 1　賃金の種別と特徴

項　　目	能力基準	仕事基準	職種基準
人事制度	職能資格制度	職務等級	職種別熟練度等級
等級基準	企業別設定	産業別設定	社会的に設定
賃金水準	企業内価値	市場価値	市場価値
賃金表	社員共通	職務別設定	職種別設定
評価	能力評価	職務評価	熟練度評価
賃金カーブ	後立ちカーブ	先立ちカーブ	先立ちカーブ

２．職種別のスキル基準と賃金水準

　賃金水準には市場価値（エクスターナル型）と内部価値（インターナル型）の２つがあります。職種別賃金を確立するにあたっては、その職種が社会性を帯びた専門職種なのか、企業内職種編成によるものか見極める必要があります。社会的職種にあっては、社会的な賃金統計（例えば、厚生労働省「賃金構造基本統計調査」、あるいは定期な同一産業内賃金調査）に準拠することが必要となるでしょう。どのような形であれ、社会的な賃金相場を尊重した水準が確保されなければならないと思います。しかし、企業内職種は企業の支払能力、雇用形態、配転異動、職務上の責任範囲などの諸条件を踏まえた賃金決定とならざるを得ないものと思われます。職種別賃金としては、社会的職種あるいは産業内で確立され、認知された職種が望ましいのです。できれば、労使間で協議し、職種編成や熟練度基準（スキルレベル）を作成することが望まれます。熟練度（スキルレベル）をどのように区分するかは、職種編成や必要とする経験年数によって異なってきますが、未熟練（アンスキル）、

第3章　政策編

半熟練（セミスキル）、熟練　（スキル）、高度熟練（ハイスキル）といった区分が考えられます。賃金は熟練度別に決定されますが、賃金水準で最も重視されるポイントは一人前のスキルとみなされる熟練レベルをいくらにするかであろう。

　従来、日本においては終身雇用を前提とした企業内労働市場が主体であった。賃金体系、賃金表いずれも全社統一の１つの制度で運用してきた。しかし、労働市場変革の中で、社会的な賃金としての職種賃金を導入するからには、賃金体系、賃金表は分割され、複数の賃金体系や賃金表を持つようになる。したがって、何職種の賃金表を設定するかを、労使で決定することが必要にならざるを得ません。結局、職種別賃金を導入するに当たっては、（１）職種ごとのスキルレベルの定義、（２）職種別の経験年数別（スキルレベル別）の所定内賃金の実態把握、の２つが要件となるわけです。職種別賃金が市場賃金であるからには、地域の労働市場の影響を受けます。また、職種別賃金は地域別の性格を持つ賃金にならざるを得ない点も留意しておく必要があります。

　職種別賃金が社会的なものであるためには、賃金水準は企業の支払い能力には左右されてはなりません。企業を超えて横断的な賃金水準となる必要があります。賃金は本来、社会的なものですから、支払い能力で決まる賃金は正当なものとはいえません。職種別賃金が成立した暁には、基本給は支払い能力で決めてはならないことになります。支払い能力で左右されるのは臨時給与（業績賞与）となります。企業にとっては、業績を還元するためにも、支払い能力を何らかの形で賃金に反映する仕組みは必要です。

111

3．職種別賃金体系の設計

　職種に対応した賃金体系は、当然、熟練度（スキルステージ）別に設計されます。職種給が基本となりますが、職務上の責任範囲が明確になっていない日本においては、その都度面接によって担当役割を加味した賃金決定が現実的だし、納得性の高い賃金決定となろうと思われます。したがって、職種給プラス役割給で基本給を構成するようにしたい。これによって、能力基準賃金と仕事基準主義の調和を図ることが可能となります。最近の成果主義賃金導入にも対応できます。しかし、スキル度が低いレベルほど、配置や目標設定において裁量度が乏しく、役割給は公平・納得性を維持することが難しい賃金です。このクラスの役割給の割合は小さくしたい。スキル、ハイスキルレベルともなれば裁量度が豊かですから、労働対価としての役割給の比重を高めることができます。職種給を導入するとしても基本給は役割給と2本立てで構成し、個人業績は基本給に反映するのではなく、年2回の業績賞与に反映するようにしたい。

　職種別賃金は熟練度（スキル）の評価が伴うのですから、自動昇格は避けるべきです。賃金には労働対価のほかに生活保障の側面があります。最低生計費のレベルを上回るまでは、何らかの形で生活への配慮が必要となります。年齢別最低保障によって一定生計費以上の賃金保障を確保する仕組みでもよいのですが、制度として確立するには賃金体系に年齢給が組み込まれている必要があります。今日の初任給や中堅社員の賃金水準からみると、アンスキル、セミスキルまでは年齢給が必要と思われます。最近、年齢給は自動的、一律的な昇給を伴う賃金であるとして廃止する動きが見られますが、年齢給は一定の生活

第3章 政策編

レベル(最低生計費)に到達するまでは必要であり、廃止すべきではありません。年齢給は年功給ではない、生活給です。労働力の再生産費用としての年齢給は今後とも必要であり、勤続年数を基準とする年功給と誤解してはならない。生活が不安定では、能力の発揮も、仕事の達成もできない。まず、生活の安定が先にあって、はじめて能力が発揮され、成果が達成される。職種別賃金においても生計費への配慮は必要です

図表2　熟練度別(スキルステージ別)賃金体系

賃金体系	アンスキル	セミスキル	スキル	ハイスキル
年齢給	○	○	―	―
職種給	○	○	○	○
役割給	―	―	○	○

図表3　基本となる賃金体系

4．労働市場の変化と職種別賃金

今後、専門化が進み、外部労働価値(エンプロイアビリティ)が問われる形となれば、各人は自分の専門分野を確立し、職種は変らないが、企業は変っていくという方向になっていくことが考えられます。これまで企業は変らないが、職種は変っていくという企業内労働市場の色彩が強かったが、今後

は、専門化を進め、職種は変らないが企業は変っていくという流動化が望ましい姿と言えます。そのためには、企業の人材育成や活用、すなわちキャリア形成が職種を前提として体系付けられる必要があります。職種別であるからこそ専門能力の向上が図られ、人材の流動化にも耐えられます。今後、企業の人材政策は、社員としてのキャリア形成から、労働者の専門能力の育成を通した自立支援に軸足を移していくべきです。それによって、職種別賃金の意義も高まります。しかし、採用当初から職種を指定した採用は、一部職種を別にして、現実には難しいものと思われます。当面は、職群（職種グループ別人材群）別の採用でキャリア形成を図り、例えば10年目に職種を選択するといった段階を踏んでいかざるを得ないものと思われます。職種別賃金の成否は、労使が制度の定着と浸透にどれだけ時間と労力をかけられるかにかかっているといっても過言ではありません。

第3章 政策編

● 第5節　家族手当の見直し

　女性の積極活用を図りたい政府は、パート労働者の就業調整の要因となっているとの理由から、配偶者手当の見直しを求めています。今後の民間企業の家族手当は、どのような方向に進むのでしょうか。家族手当は現在の支給方法でも多くの問題を抱えています。家族手当の起源は、戦時中の賃金統制令下、急激な物価上昇への措置として、統制外の賃金として認められ、政府の後押しもあって普及したといわれます。（金子良事著「日本の賃金を歴史から考える」旬報社）。それが戦後のインフレ期に成立した電産型賃金体系に引き継がれ、今日に至っています。調査によれば、家族手当の採用率は大手企業で80％（中労委調査）、中小企業を含めても65.9％（厚労省調査）となっていて、かなりの普及率です。これは歴史的な経緯もありますが、雇用情勢を受けた1世帯1就業が長い間続いてきたこと、賃金決定への生活給への配慮、も大きな要因になっています。しかも、支給基準も配偶者、子供といった扶養家族ごとに金額が異なって支給されてきました。一般的に配偶者の金額が高く、子供は低く決められている場合が多い。したがって、結果として、配偶者（といっても多くは妻、女性）の労働力化を妨げている一因と捉えられています。家族手当については、90年代の仕事基準賃金である成果主義賃金の導入時にも、仕事の価値と扶養家族数は関係がないという理由で、主として大手企業で廃止する動きもありました。廃止する時にとられた措置の1つが、「賃金から福祉へ」の転換で、出産、入園、入学など高額の出費に対して、お祝い金（一時金）を支給する仕組みで

115

す。例えば、毎月5,000円の子供に対する手当を20歳まで支給すれば、5,000円×12カ月×20年＝1,200,000円となる。これを4回に分ければ1回30万円。子供の成長に合わせ、一時金として支給するというものです。

家族手当には、他の賃金と違って、2つの特徴があります。1つは時間外賃金の基礎給から除外できる点、2つは子供が自立するなどで扶養から離れれば、手当の支給を免れる点です。この機能を残すために、あえて家族手当を温存するケースもあります。扶養順位で支給する方式は、家族手当の機能を残し、かつ従来の支給方式・金額を大きく変更することなく移行できる点で、一部の企業で採用さていますが、同じ扶養家族でも、順位で金額が異なるなど、生活保障の役割を果たす手当という面から、何か中途半端な気がします。今後、家族手当は、扶養という側面と子育て支援の側面から、2極に分れるような気がします。1つは扶養者一人当たり方式、2つは、配偶者を対象から外し、子供手当の支給額を思い切って増やす方式です。前者は扶養という点を重視した支給、後者は少子化対策（子育て支援）を意識したものです。いずれの方式を採るかは労使の政策ですが、現行の家族手当の支給総額を大きく変えることなく、生活保障という側面と少子化対策（子育て世代の配分重視）の両面からの検討が必要です。

第3章　政策編

● 第6節　賃金カーブの修正

　年齢横軸に対し、わが国の賃金カーブは右上がり、しかも高年齢になってから立ち上がる後立ちカーブが特徴です。なぜ、このようなカーブが形成されたのか。それには当然理由があります。1つは、賃金体系が戦後、生活給からスタートしたこと。もう1つは、能力が1人前に到達する技能習熟カーブが、生計費カーブに類似していたからであると考えられます。したがって、労使ともに、後立ちカーブを是として賃金決定が行われてきました。しかも、賃金表を持たず、初任給から昇給を積み上げる方式で賃金を決めてきたため、昇給は高齢者、高資格者ほど高くなるように決められました。これらが相まって、後立ちの賃金カーブが形作られたと考えられています。。このようなカーブは現在、60歳代の継続雇用の障害ともなっています。

　賃金の決め方に限ったことではないのですが、考え方や公平感は時代とともに変化します。今、少子高齢化と生活水準・生活スタイルの変化の下で、生計費カーブの形も大きく変化しています。加えて、技術の進歩、IT化によって技能習熟カーブも、経験を必要とする形から知識や技術の修得によって決まり、かつてのように技能習熟に時間を要しなくなってきています。公平性の面から、賃金カーブは後立ちから、先立ちへの修正が求められるようになってきています。60歳代の雇用延長実現のためにも、賃金カーブの修正が必要になってきています。

　しかし、カーブの修正は容易ではありません。カーブの修正は喫緊の課題ですが、短期間で実現することは難しいと言えま

117

す。時間をかけて取り組む必要があります。修正するためには、まず、賃金体系を整備し、賃金表を作成し、昇給制度を確立することが絶対条件となります。賃金体系、賃金表の整備なくして、賃金カーブの修正はできないといっても過言ではないと言えます。基盤となる基本給は生活保障の生活給（年齢給）と労働対価の職能給で構成します。両者は果たすべき役割も違うばかりでなく、シェープ（カーブの形）が全く異なるからです。両者を区別しない総合決定給では、先立ちカーブへの修正はかなり難しいと言えます。そして何よりも理論的な賃金表の設定が必要です。

　先立ちカーブに修正するためには、改善しなければならない３つの条件があります。中だるみの是正、高資格者への仕事基準賃金としての役割給の導入、最低保障賃金の設定の３点です。中だるみの是正とは、働きや必要生計費に比較して見劣りする30歳代賃金の引き上げであり、役割給とは、生活保障の最低生計費レベルを上回る賃金に到達した40歳以上の管理職への降給可能な賃金の導入です。役割給は降給もできる賃金ですから、これ以下にはしないといった最低保障賃金を設定しておく必要があります。

　では賃金カーブの修正に、どのように対処すべきなのでしょう。（１）賃金体系の変更を期に、賃金表の改定で一挙にカーブの修正を実現する、（２）年々のベアの配分に工夫を凝らし、段階的に修正する、（３）賃金体系の変更は行わず、カーブ修正の原資を用意して特定年齢層の賃金を引き上げる、などの方法が考えられます。

　どの方法がいいかは、問題の深刻さや緊急性、原資の捻出などから、労使が選択すべきものです。ただし、何事もそうであ

118

第 3 章　政策編

るように、急激な変化は摩擦を引き起こし、人事管理に悪影響をもたらす可能性が予想されますから、やはり、段階的な取り組みが望ましい取り組みと言えます。いずれにしても、カーブの修正には中・長期的に取り組むべきです。そのためには、労使の賃金政策、ビジョンが条件となります。

● 第7節　女性の積極活用策

　少子化に伴って予想される労働力不足対策として期待されるのが、高齢者（定年60歳以上）と女性の活用です。高齢者の活用については高年者雇用安定法の改正によって、65歳までの希望者全員の雇用が義務づけられましたが、女性の活用については、まだ十分な対策が講じられているとは言えません。政府は女性活用を成長戦略の1つに掲げ、2020年までに官庁など公的機関の管理職を30％まで高める方針で、その実現に動いています。民間企業においても、管理職比率目標を定めるところも出始めている。現在より3倍に増やしたいといった数値目標を打ち出してはいますが、その比率は10％程度にとどまっています。厚生労働省調査によると、2011年現在、民間企業における課長相当職以上（役員を含む）に占める女性の割合は6.8％に過ぎない。係長以上であっても8.7％と二桁に届かない。欧米の3～4割に比べて、極端に低い割合であると言えます。

　女性活用に積極的な企業では、ポジティブアクションプランを策定し、管理職登用やキャリア開発、働きやすい環境（子育て支援、ワークライフバランスの実現など）の整備に取り組んで成果を上げています。管理職登用を積極的に進めるためには、管理職の役割と人材要件を明示し、それに向かってキャリア開発を行うことが重要です。管理職の処遇のみならず、管理職の役割に魅力を持たせることで、女性のチャレンジを引き出す人事方針を明確にする必要があります。女性特有の出産、育児期間中もキャリアを途切れさせない職場環境の整備も求められます。

120

第3章　政策編

　そこで、問題となるのは、総合職、一般職（事務職）といっ
たコース別人事管理制度です。1986年の男女雇用機会均等法実
施を機会に多くの企業に採用されたコース別人事制度において
は、男性は総合職として将来の管理職候補であり異動・転勤が
ある、女子は一般職として転勤はない、がコース設計の共通し
た要件となっています。しかも一般職は職域を定型補助業務に
限定しました。これでは管理職に必要なキャリアは身に付かな
い。積極的に管理職を登用していく上で、コース別人事制度は
障害になるのではないか。コース別人事制度の見直しも女性管
理職登用の課題になると思われます。また、残業を含む長時間
労働が当たり前の働き方の改革も欠かせません。管理職は残業
するのが当然、定時で帰るようでは管理職に登用できない、と
いった職場風土を変革できるかも女性管理職登用を左右する条
件でしょう。

　将来の労働力不足対策といった側面よりも、性別が職業選択
を規制している今の姿に問題があると考えられます。この偏り
を是正できずに来たことが、職場の活力を失わせてきた要因の
1つではないでしょうか。能力ある女性が組織に評価されず埋
もれてしまっている現実を直視し、社会的な損失と考えるくら
いでないと、掛け声倒れになる可能性が高いように思われま
す。また、数値目標に女性優遇ではないか、といった男性側か
らの批判もあるようですが、問題の解決には目標が必要であ
り、男性側の意識改革も条件となります。

● 第8節　初任給政策のあり方

　今後、ますます若年労働力の不足が深刻になることが予想される中で、初任給をどのように決定していくか、初任給政策のあり方が労使の課題となってきています。将来必要とする人材を新卒で一括採用し、企業のなかで人材育成を図る日本的な雇用政策の下では、新卒採用が重要な人材確保策と言えます。初任給の高さが採用の１つの決め手になると思われるだけに、採用を有利に進めるためにも、新しい時代に対応した初任給政策を持つことが重要です。

　そのためには初任給の性格について、改めて確認する必要があります。賃金とは、いうまでもなく労働または労働力の価格であるが、わが国においては、少なくとも新卒クラスにおいては、賃金は労働力の価格であると言えます。つまり、初任給とは、高卒は18歳労働力の価格、大卒は22歳労働力の価格であるということになります。このような初任給の性格と賃金の位置づけを持つことが、まず必要です。少子化の続く下で、初任給の上昇は今後とも続くことは間違いありません。初任給は特に労働力の需給関係の影響を受けやすい傾向が強いからです。

　では、今後どのように初任給を決定していけばよいのでしょうか。初任給決定にあったって、留意すべき点を挙げると、次のようになります。

　（1）初任給相場を重視する

　（2）賃金表の中に位置づける

　（3）初任給を点でとらえるのではなく、賃金カーブ上の水準とみる

第3章　政策編

（4）初任給の引き上げは賃金表改定（ベア）の一環として
　　実施する

（5）初任給調整手当などによる引き上げは行わない

　賃金の中でも、初任給は相場制が強い。産業や企業規模による違いは殆どありません。相場を尊重しなければ新卒採用（人材確保）が叶わないこともありえます。否が応でも初任給相場を尊重せざるを得ません。と言って統計的な初任給はあくまで平均であり、実態はその前後（±10％程度）にあると考えられます。平均に惑わされてはいけません。できれば、自社の賃金表の中に位置づけることが必要です。在籍社員の賃金を公正に決めていくためには賃金表が必要です。賃金表がなければ賃金決定は恣意的となり、公平な賃金決定とは言えなくなります。賃金表を導入し、高卒、大卒初任給は賃金表のどの位置に格付けるかをはっきりさせておきたい。これによって初任給は、賃金カーブ上の水準とみることが可能となります。では初任給の引き上げは、どのように実現されるべきでしょうか。初任給の引き上げはベアで実現することになります。ベアとは賃金表の改定を意味します。賃金表が改定されれば、当然初任給も引き上げられます。したがって、一般社員にベアを行う時は初任給を引き上げ、ベアを行わないときは初任給は引き上げないこととなります。初任給を点で考えると在籍者とのバランスなどを無視しがちとなりますが、入社後は在籍者との連続性が重要となります。初任給の引き上げはベアで実現することを原則としたい。

　初任給調整手当を付加することで、一時的な初任給水準を引き上げる政策はできるだけ避けるべきです。

　ベアが小さい場合でも、ベアの配分政策によって、初任給を

高めに引き上げることは可能です。ベア実施のときは引き上げ、ベアを行わないときは据え置きが初任給の正しい決定政策です。

　初任給決定政策についての留意点を挙げたが、人材の採用の側面から考えると、最近の就職希望者の関心は初任給よりも、労働時間・休日・休暇に移ってきています。いたずらに初任給レベルを気にするよりも、初任給は世間並みで決して高くはないが、30歳代の賃金レベルは業界トップレベルであるとか、残業は少ない、休日は多い、休暇の取得は確実など賃金の将来像や労働時間・休日・休暇関係の特徴をアピールした方が採用を有利に進められると思ます。

第4章

実務編Q＆A

ここでは実際に労使の賃金担当者から寄せられた質問を中心に、Q＆A形式で実務的に解説しています。賃金管理で生じる問題に対処するには、対処療法だけではなく、根本的な取り組みが必要です。今自社で問題になっていなくても、取り組みのあり方を理解してほしいと思います。

1. Q　中途採用者の賃金の決め方

　当社の基本給は職能給一本で、手当は家族手当、管理職手当、特殊職種手当の3種類だけのシンプルな体系です。号俸を明示した基本給表が設定されています。これまで中途採用を行っていなかったので、中途採用者の基本給の決め方を特に決めておりません。中途採用の必要性が生じてきたので、ルールを決めておきたいのですが、どんな点に留意すれば良いでしょうか。

A　採用時の初任賃金決定ルールを定め、評価の結果をみて3年以内に調整する

　新卒採用が中心で、中途採用は欠員補充に限定している時は、在籍者賃金の水準を参考に決めれば解決し、特にルールがなくても賃金決定に問題が生じることは少ないかもしれません。しかし、今日の中途採用は、社内で不足する人材を社外から採用する、すなわちスカウト、引き抜きの傾向が強くなっており、公正で、納得性の高い賃金の決め方が必要になっています。賃金を正しく決めていくためには、賃金体系を整備し、賃金表を用意しなければなりません。これは在籍者賃金のみならず、中途採用者についても同様です。貴社は、賃金体系は明確ですし、賃金表も設定されていますから、中途採用時の賃金決定ルールを明確にすることで、対応できます。では、どのような点に留意して中途採用者の賃金決定ルールを決めればよいのでしょうか。まず、採用時の賃金（初任賃金）の決め方を定め、何回かに分けて調整することをお勧めします。そこで、初任賃金の決め方と調整の仕方の順で説明します。なお、貴社の

第4章　実務編Q&A

基本給は職能給1本ですが、仮に年齢給が採用されている場合は、中途採用者の実年齢で適用することになります。

（1）初任賃金（基本給）の決め方
①仕事で等級を決める

　職能給は職務遂行能力の高さに応じた賃金ですから、まず、能力の高さを評価しなければ賃金は決められません。しかし、実際に仕事を遂行していない以上、能力を評価することは出来ません。しかし、どんな仕事をやってもらうかは、決まっているはずです。中途採用の場合、採用してから仕事を決めるというよりは、仕事をある程度決めてから募集しているのが一般的であり、仕事を基準に決めることは難しくないと思われます。このような賃金決定を行うためには、職能資格制度に「等級基準」と「対応役職位」を明確にしておく必要があります。等級基準とは職種別等級別の職能要件書で、中身は習熟要件（どんな仕事がどれだけできるか）、修得要件（どのような知識、技能を身に付けているか）の2つからなります。中途採用者の仕事がはっきりすれば、習熟要件に照らして等級を決めることができます。賃金体系・賃金表は設定されているようですが、職能要件書は具体化されていますか。まだであれば職務調査を実施し、職能要件（習熟要件）を明確にしておいてください。抽象的な定義では、等級を決めることはできません。また、管理職として中途採用することもあります。どの資格にどの役職が対応するのか、職能資格制度に役職との対応関係を明示しておくことが必要です。習熟要件、対応役職位の2つがはっきりしていれば、仕事で等級を決めることができます。

127

②初号賃金を適用する

　初号賃金とは、その等級のスタート賃金、最も低い職能給です。なぜ、初号賃金を適用するのかというと、仕事はその等級レベルに相当しますが、本人の習熟度はまだ分かりません。他社経験やキャリア年数も習熟度を判断する1つの要素ですが、明確ではありません。やはり、社内で実際に仕事をやってもらい、評価するのが間違いないといえます。そこで、評価が確定するまでは初号賃金を適用するべきでしょう。初号賃金を適用するもう1つの理由は、賃金は上げることは簡単ですが、下げることは容易ではない、といった理由もあります。初任賃金はあくまで採用時のもので、その後に調整を行ないます。採用の段階では確実な要素をもって賃金を決めておくべきです。

（2）調整は2回に分けて実施

　初任賃金は能力評価が確定するまでの賃金で、調整が必要です。調整は、2回に分けて実施します。

①10カ月以内に成績評価で号俸を調整

　1回目の調整は10カ月以内に行ないます。6カ月経過した時点で、成績評価（与えた仕事の達成度評価）を実施します。2・3カ月では不正確ですし、1年では長すぎます。その結果をもとに号俸を調整します。評価がよければ在籍者と同一号俸まで引き上げます。6カ月で、能力の評価はできません。したがって、この段階では等級は調整しません。1回目の調整は習熟度の調整で、能力の評価はできていませんから等級は採用時のままにします。

②3年以内に能力評価で等級と号俸を調整

　年2回の成績評価をもとに年1回能力評価を実施します。こ

れは在籍者も同じです。能力は仕事の達成度を材料として行なわれる分析評価です。短期の成績だけで能力を評価するのは危険です。やはり、一定の期間が必要です。能力の評価は年1回が限度です。中途採用者の場合、1年後の1回の能力評価だけではまだ、確実に能力の把握がなされたとはいえないと思われます。成績評価には、かなり偶然性の強い要素もあるからです。しかし、2年経過し、能力評価が2回実施されれば、正確に把握することができるはずです。

そこで2回の能力評価の結果がはっきりした時点で、今度は等級も号俸も見直します。標準入社の在籍者と同等の能力があると評価されれば、全く同じ等級、号俸に格付けられます。調整は、この2回で終了します。以後は、標準の在籍者と同一の扱いとなり、中途採用の呼び方もなくします。中途採用と呼ぶのは調整期間、つまり能力観察期間の3年間だけです。

（3）前収保障とその取り扱い

スカウト型の中途採用においては、本人の希望額、あるいは前の会社の収入を保障して、採用するケースも少なくありません。個別に対応した結果、トラブルになる場合が多いのが実情です。前収保障においても、やはりルールを決めておく必要があります。

①前収保障を必要とする場合は調整手当で保障する

前収保障を必要とするケースにおいても、初任賃金決定の原則は適用します。しかし、これでは前収保障の水準に到達しないこともあります。そこで、初任賃金と保障額の差額分は調整手当として支給します（**図表1**参照）。前収保障は必ずしも、基本給として保障するものではありません。賃金は賃金体系に

基づいて決めるもので、スカウト人材といえども例外は許されません。月例賃金として保障し、基本給はあくまで評価によって決めるようにします。調整手当は、退職金や賞与の算定基礎給に入れないのが一般的ですが、この点も明確にしておく必要があります。

図表1　中途採用賃金と前収保障

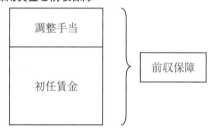

②調整手当は3年以内に吸収または整理する

　調整手当は前記した2回の調整に合わせて、吸収または整理します。1回目の調整で号俸を引き上げるときは、その分調整手当を吸収します。2回目の等級、号俸の見直しによる調整で吸収できない場合、残った手当は整理します。保障額と2回目の調整による職能給が一致していれば、調整手当は全て基本給に吸収されることになります。職能給が上回る場合は調整手当を吸収し、かつ調整昇給が加わることになり、逆の場合は調整手当の減額整理となります。

　なお、家族手当、管理職手当、特殊職種手当は支給条件を満たせば、中途採用者も在籍者と同一の支給となることは、いうまでもありません。前収保障は手当を含めるのか、含めないのか、この点も明確にルール化しておく必要があります。在籍者と不公平がない決め方をルール化してください。

第4章　実務編Q&A

２．Q　役割給の導入と設計上の留意点

　管理職に役割給の導入を検討しています。現在の賃金体系は基本給が職能給と年齢給の２本立てで、手当は管理職手当と家族手当が支給されています。手当も整理・吸収する方向で、検討しています。どのように設計するべきでしょうか。

A　年齢給を役割給に置き換えるのが現実的。鍵を握るのが役割評価。どんな役割に配置されるのか、配置の納得性が条件となる

（1）役割給の背景と導入の条件

　管理職に役割給の導入を検討する企業が増えています。この最大の理由は、能力と実力のミスマッチにあるといえます。職能給は能力の高さに応じた賃金ですが、この能力とは入社以来の蓄積能力（保有能力）であり、必ずしも今何ができるかという実力（時価）を現しているわけではありません。ところが、企業の成果、業績に直結する行動能力は過去に蓄積された保有能力ではなく、成果実現能力としての実力にほかなりません。高齢化、構造改革が進む今日にあっては、能力と実力は必ずしも一致しません。知識・技術の陳腐化、体力・気力の低下、行動特性の劣化が発生するからです。

　そこで、組織の中枢を担う管理職には能力よりも実力が問われ始めました。能力とは別に実力を評価し、実力に応じて仕事を与え、その仕事の価値で賃金を決めようというのが、役割給が普及し始めた背景です。管理職の仕事は、標準化された職務でもなく、組織から与えられた職責だけで決まるものでもな

131

く、職責に本人自らが付け加えたチャレンジ目標を加えた役割に他ならないからです。高い成果、業績を実現するためには、まず、実力に応じた配置とともに、実力に相応しい役割や目標設定が必要になってきます。したがって、役割給の導入を図るからには、実力評価（コンピテンシー評価とも呼ばれる）を行い、実力・適性に応じた配置を行うことが前提となります。また、役割給は設定された役割の高さに応じた賃金ですから、役割を設定する目標面接と設定された役割の評価が運用の鍵を握ることになります。これらの条件が整備されないと役割給を導入することはできません。

（2）役割の評価と役割給の仕組み

　管理職の仕事は、組織上必ず果さなければならない職務の責任範囲（職責）と本人の裁量で付け加えるチャレンジ目標（具体的な行動計画）の2つからなります。職責は経営方針や事業計画を受けて上司から与えられるものですが、チャレンジ目標は本人が付け加えるものです。**図表2**でみるように職責にチャレンジ目標を加えたものが役割となります。役割給を導入するからには、目標面接（ミーティング＋個別面談）が確実に行われると同時に、職責とチャレンジの評価が必要となります。役割は、職責の大きさ（人、物、金の責任と権限の広がりと高まり、具体的には部下の数、有形固定資産の管理、課せられた売上高・利益などの大きさ）と難しさ（企業への貢献度、役割遂行の必要知識、心身の負担度）の2つの側面から評価します。チャレンジは職責拡大、革新、創造が含まれているかどうかで評価します。なお、役割に達成度を加えたものが業績です。したがって、仕事に関連する賃金は次のように整理することがで

第4章　実務編Q&A

きます。

　　職責給＝職責の大きさ×難しさ

　　役割給＝職責給×チャレンジ評価

　　業績給＝役割給×達成度

　さて、役割給はまず職責給を決め、次にチャレンジを加えて決まる手順となります。職責の大きさは量的に把握できるので、やや細かく区分ができますが、難しさは質的なので大雑把にしか区分できません。例えば、大勢の部下を管理している課長もおれば、少数の部下しかいない課長もいますので、部下の多い少ないで、細分化することは可能ですが、貢献度、必要知識などは大まかにしか区分できません。職責の大きさは5段階、難しさは3段階の区分が適当ではないかと思われます（中小・中堅企業では、職責3段階、難しさ2段階が評価しやすいかもしれません）。つまり、職責給表は大きさを縦軸とし、難しさを横軸とするマトリックス表で示す形となります。いま、大きさをⅠ～Ⅴ、難しさをA～Cで表すと、Ⅲ－Bが中心となり、これが標準職責給となります。大きさ、難しさの違いで、上下、左右に格差が展開されることになります。この格差をどの程度展開するかは政策的に決めることになります。職責の区分の仕方、評価の納得性、社員の意識などによって違ってきますが、1割程度の格差が最も運用しやすく、説得力があるように思われます。

　チャレンジ評価は係数で賃金に反映します。職責拡大、革新、創造のレベル別に係数を決めます。経営が拡大期にあるときは職責の拡大が重視されますが、今日では業務の革新や商品、技術、市場の創造が経営にとって重要であり、革新、創造に高い係数を設定するべきでしょう。例えば、職責拡大1.05、

133

革新1.08、創造1.10といった係数です。

（3）基準賃金の組み替え

　現行賃金体系から役割給に変更する場合、基本給の全てを役割給に切り替えるのか、それとも一部に導入するのかを決める必要があります。役割給は職責やチャレンジに応じて上下する賃金で、どちらかといえば不安定な要素を持っています。職能給は止まることはあっても原則として下がることのない賃金で比較的安定的です。また、職能資格は社内における肩書き、ステータスの役割を果しており、処遇の重要な柱となっています。こう考えますと職能給は今後も継続し、年齢給を職責給に切り替えることで導入することをお勧めします。管理職ともなれば、賃金は一定の生計費を上回るレベルに達しているはずですから、年齢給は不要です。また、管理職ともなれば賃金決定から属人的な要素は排除するべきですから、管理職手当や家族手当も何らかの形で、基本給に吸収するのが望ましいといえます。手当を整理する場合、カットするのではなく基本給に吸収するようにします。管理職手当は定額で、家族手当は平均規模（例えば、配偶者と子供２人）で基本給に組み込みます。このように、管理職になった時点で、賃金は職能給と職責給（役割給）に組み替えます。これを基準賃金の組み替えと言います。

　基準賃金の組み替え、特に年齢給を職責給に切り替える上で留意しなければならない点は、年齢給のピークで設定する点です。管理職等級に昇格する年齢は人によって異なります。各人の年齢給を職責給に切り替えるのではなく、予め年齢給のピークで設定した職責給表に組み替える形をとります。したがて、何歳で管理職になろうとも、職責給は同一条件でスタートします。

第4章　実務編Q&A

図表2　目標面接と役割の設定

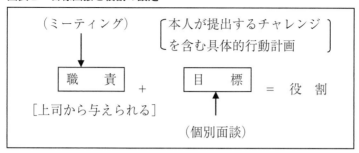

　図表3は年齢給のピーク20万円をもとにして作成した職責表です。標準職責のⅢ−Bに20万円をセットし、1マス違えばプラスは1割加算、マイナスは0.5割減で作成したものです。加算は強めに減額は弱めにしてあるのは、役割給は人件費の削減が目的ではなく、人材の活用を狙いとしているからです。職責は組織の都合で決まる側面があり、必ずしも本人の都合ばかりではありません。仮に職責が低くても、このような設定であれば理解されやすくなります。同じ課長で職能給が同一でも、職責の違いで職責給は26万から17万まで広がり、最大9万円の格差がつくことになります。最も低いⅤ−Cと評価されても、チャレンジ意欲があり創造的な行動目標を計画すれば、チャレンジ係数1.10が乗じられて、役割給は19万円と標準職責20万円に近づけることができます。なお、役割の達成度の業績は賞与に反映するのが良いでしょう。

　チャレンジ係数はチャレンジの度合いによって**図表4**のように3つに区分し係数を決めます。

図表3　課長相当ベースの役割給例

	A	B	C
Ⅰ	26	24	22
Ⅱ	24	22	20
Ⅲ	22	20	19
Ⅳ	20	19	18
Ⅴ	19	18	17

図表4　チャレンジ係数の例

チャレンジ	チャレンジ係数
職員拡大	1.04
革新	1.08
創造	1.10

第4章　実務編Q＆A

３．Q　男女間の賃金格差を是正するには

　男女別に賃金を決めてはいませんが、結果として同じような仕事をしている男女に賃金格差が発生しています。当社にとって女性は重要な戦力であり、雇用機会均等法や同一労働同一賃金との関係からも早急に是正をしたいのですが、賃金制度上のみならず、運用に問題があるように思われます。どのような対応が必要でしょうか。

A　賃金・人事制度の見直しとともに、育成、評価、昇進・昇格など運用に関わる全般的な検討が必要となる

（1）男女賃金格差の要因

　最初に、なぜ男女格差が発生するのか。その原因を考えてみましょう。能力に男女差はないはずです。しかし、現実の賃金実態をみると、男女間に賃金格差が存在するのは事実です。やや古い分析ですが、厚生労働省の「男女間の賃金格差問題に関する研究会」報告（2002年、平成14年）では、「男女間の賃金格差の発生要因は多種多様であるが、最大の要因は職階（部長、課長、係長などの役職）の差であり、勤続年数の差も影響している。この他に手当も影響している」と分析しています。つまり、男女間の賃金格差は役職登用、勤続年数および手当の３点にあると分析しているわけです。女性の管理職が少なく、勤続年数も短い、さらに手当支給の対象も格差を生む要因と分析しています。想定されている手当は家族手当など生活関連手当ではないかと思われます。この報告で分析に使用された統計

137

は、厚生労働省「賃金構造基本統計調査」で、対象となる賃金は平均賃金です。従業員一人ひとりの賃金を個人別賃金といいます。個人別賃金は従業員の数だけ存在します。これを一人当たりに置き換えたものが平均賃金です。**図表**5でみるように個人別賃金と平均賃金の間には、年齢、勤続、学歴、役職など労務構成が関係してきます。労務構成を捨象して、男女の要素だけで格差を分析したのが、上の報告書です。平均賃金は一人当たり賃金を意味し、同じ仕事、同じ能力の男女間における賃金格差を示している訳ではありません。残念ながら、同一労働における男女別賃金統計は調査されていません。賃金構造基本統計調査は、男女別に調査された唯一の統計であり、現時点ではこの統計を使った分析にならざるを得ません。働く全ての男性と女性の平均賃金から分析すると、役職と勤続および手当（生活関連手当）の差が格差を発生させる大きな要因と結論づけられているわけです。これらの要因が自社の制度に比較して問題があるかを分析する必要があります。

図表5　賃金の種類とその関連

さて、個人別賃金は企業の賃金制度に基づいて決定されます。賃金とは労働または労働力の対価ですが、仕事や能力などの条件を指定した賃金を個別賃金といいます。具体的には賃金体系、賃金表として示されます。各人の賃金は仕事や能力に応じて賃金表に照らして決定されます。個別賃金と個人別賃金の間には人事制度、具体的には育成、活用、評価、配置などが影

第4章　実務編Q&A

響してきます。したがって、男女間の賃金格差は賃金制度、人事制度に起因するものが多いといえます。

企業が男女の賃金格差解消を検討するには、同じ仕事や能力であるにも拘らず、なぜ格差が発生しているのか、まず、賃金制度、人事制度から分析することが必要です。賃金体系、賃金表に問題はないか、人材育成の機会が均等か、人材活用に偏りはないか、昇進・昇格が公平に開かれているか、評価が公正に行われているか、適性に応じた配置が実施されているか、などを検証してみてください。これらの要素で男女格差が生じているなら、まずそこを修正する必要があります。

（2）格差解消への取組み

経済のソフト化、サービス化および少子化がますます進展するこれからの社会においては、女性の活用なしには企業活動が成立しなくなってきています。女性が能力を十分発揮し、仕事に取り組める制度と環境を構築することが、男女賃金格差の解消に繋がるといえます。しかし、制度が整備されたからと言って、格差が解消されるわけではありません。育成、活用、評価の運用が公正・公平に行われることが重要です。さらに、経営者をはじめ職場において実際に育成や評価を行う管理職の意識変革が求められます。女性の能力開発や活用に消極的な上司がいると、どんなに制度が理論的であっても、結果として男女格差を発生させてしまいます。制度ができてもそれを活かし、定着させる職場風土（意識）ができていなければ、格差を発生させてしまいます。

制度は人事理念を実現する手段に過ぎません。まず、男女間の賃金格差をなくし、仕事や能力で公正・公平に賃金を決定す

るという人事理念（人材政策）の確立が必要です。理念、制度、運用、意識の4つが同じレベルで揃ってこそ、格差は解消されます。1つでも欠けていれば解消されない恐れがあります。特に、鍵を握るのは「運用」です。一見、性に関係ないが、実質的にどちらかの性に不利になる職場の制度や慣行は「間接差別」といわれ、近年大きな問題になって来ています。間接差別が疑われないためにも、性別で有利不利のない制度や運用を行うようにしたいものです。

先に紹介した研究会の報告では、格差解消への取組として、①公正・透明な賃金制度・人事評価制度の整備運用、②生活手当の見直し、③企業トップが先頭に立って、業務の与え方や配置の改善などのポジティブアクションを推進すること、④コース区分決定方法などコース別雇用管理制度そのものの点検、⑤ファミリーフレンドリーな職場形成の促進、を上げています。

（3）人材政策の具体策

以上のように、男女賃金格差は賃金制度とその運用に関係する人事制度によってもたらされますから、まず男女格差を発生しない制度を構築することが先決となります。そのためには、雇用、人材育成、人材活用、人材評価、公正処遇の5つの政策を明確にするべきです。いくつか具体的に問題となる制度について触れておきましょう。

最初の問題は、総合職、一般職などのコース別管理です。転勤の有無によるコースを区分する採用は男女賃金格差を狙いとしていないとしても、間接差別の恐れがあります。そればかりか、人材活用を妨げる可能性があります。もし、貴社においてコース別採用を行っているのであれば、入社後に本人の意思で

第4章　実務編Q&A

選択するキャリア形成コースの職群制度に切り替えるべきでしょう。能力開発、キャリア形成の促進による人材育成を積極的に進めると同時に、昇格・昇進機会を拡大する必要があります。女性の役職登用が制限されているケースが見られます。能力、適性による昇進に機会を拡大するためには、昇進基準を明確化する必要があります。昇格、昇進、昇給などに大きく影響するのが、評価制度です。公正・公平で納得性の高い評価を実現するためには、評価制度を比較の相対考課から基準を明確にした絶対考課に切り替えることが必要です。絶対考課を成立させるためには、評価基準の明示、評価結果のフィードバック、考課者訓練の実施の3つが不可欠です。男女格差のない賃金決定で重要なことは、いうまでもないことですが、同一（または同一価値）労働同一賃金の原則に沿った賃金体系、賃金表の整備も大切です。

　これらの制度を整備したからといって一挙に格差が解消するわけではありません。次に、ポジティブアクションの取組み目標を決めるべきでしょう。例えば、女性の管理職比率を何％に引き上げる、明らかな男女間格差は3年間で解消するといった数値目標を設けて格差の是正を図るようにします。もちろん、仕事と家庭の両立が可能な職場環境を整備する必要があることは言うまでもありません。

141

4．Q　賃金カーブを早期立ち上げに修正し、中だるみの是正を図りたい

　当社の賃金カーブは、現在年齢横軸に対し、典型的な右上がりのカーブになっています。しかも高年齢になってから立ち上がる後立ちカーブが特徴です。そのため中だるみが発生し、働き盛りの30歳代の賃金が世間に比べ見劣りするようになって、この世代のモチベーションの低下を来すようになってきています。また、将来65歳への定年延長の実現も計画しており、賃金カーブが障害になっています。これらの課題の解決と働き方改革の一環として、賃金カーブを先立ちに修正する方向で検討を進めています。先立カーブに修正するにはどのような取り組みが必要でしょうか。

A　賃金体系・賃金表の修正が必要。時間をかけ中長期の計画で取り組む

（1）後立ち賃金カーブの背景

　わが国の賃金カーブは、年齢横軸に対し右上がりのカーブが一般的です。なぜ、このようなカーブが形成されたのでしょうか。それには当然理由があります。1つは、賃金体系が戦後、生活給からスタートしたこと。もう1つは、能力が1人前に到達する技能習熟カーブが、生計費カーブに類似していたからです。したがって、労使ともに、後立ちカーブを是として賃金決定が行われてきました。しかも1980年代までは、賃金表を整備せず、初任給に毎年の昇給を積み上げる方式で一人ひとりの賃金を決めてきました。しかもその昇給は高齢者、高勤続者ほど

第 4 章　実務編Q&A

高くなるように決められました。これらが相まって、後立ちの賃金カーブが形作られたと言えます。定年が55歳の時代はこのようなカーブでも、何とか運用できました。しかし、60歳定年、65歳までの継続雇用、働き世代の若返りなどを考えると、後立ちカーブは放置できなくなっています。60歳代の継続雇用の障害ともなっていることは言うまでもありません。

（2）要素別賃金体系の導入が実現への道

　賃金の決め方に限ったことではありませんが、考え方や公平感は時代とともに変化します。今、少子高齢化と生活水準・生活スタイルの変化の下で、生計費カーブの形も大きく変化しています。さらに、技術の進歩、IT化によって技能習熟カーブも、経験を必要とする形から知識や技術の修得によって決まり、かつてのように技能習熟に時間を要しなくなってきました。公平性の面から、賃金カーブは後立ちから、先立ちへの修正が求められています。65歳までの雇用延長（定年延長）実現のためにも、賃金カーブの修正が喫緊の課題になってきたと言えるでしょう。

　しかし、カーブの修正は容易ではないのも事実です。カーブの修正は喫緊の課題ですが、短期間で実現することは難しく、時間をかけて取り組む必要があります。修正するためには、まず、賃金体系を整備し、賃金表を作成し、昇給制度を確立することが絶対条件となります。賃金体系、賃金表の整備なくして、賃金カーブの修正はできません。基盤となる基本給は生活保障の生活給（年齢給）と労働対価の職能給で構成するようにすることで、カーブの修正はやりやすくなります。なぜなら、両者は果たすべき役割も違うばかりでなく、シェープ（カーブ

143

の形）が全く異なるからです。生活給（年齢給）は定昇となることから、縮小や廃止を検討する労使もありますが、賃金カーブを先立ちにし、中だるみの解消を図るには生活給（年齢給）は有効です。なぜなら、年齢を手掛かりに一律的にカーブを押し上げることができるからです。両者を区別しない総合決定給では、先立ちカーブへの修正ができない訳ではありませんが、かなり難しいと言えます。そして何よりも理論的な賃金表の設定、特に昇給の仕組みに工夫が必要です。定昇となる年齢給は思い切って30歳までに立ち上げ、同じく定昇となる職能給の習熟昇給は若い時（30歳代後半）までとし、40歳以降は昇格昇給重視に切り替える必要があります。60歳以降は仕事基準の役割給（職務給）にすることで昇給は止めることができます。

（3）先立カーブ修正の条件

　先立ちカーブに修正するためには、改善しなければならない３つの条件があります。中だるみの是正、高資格者への仕事基準賃金としての役割給の導入、最低保障賃金の設定の３点です。中だるみの是正とは、働きや必要生計費に比較して見劣りする30歳代賃金の引き上げであり、役割給とは、生活保障の最低生計費レベルを上回る賃金に到達した40歳以上の管理職への降給可能な賃金の導入です。役割給は降給もできる賃金ですから、これ以下にはしないといった最低保障賃金を設定しておく必要があります。

　できれば、**図表6**で見るようなステージ別の賃金に移行することをお勧めします。

　では具体的には、どのように対処すべきなのでしょうか。

　（1）賃金体系の変更を期に、賃金表の改定で一挙にカーブ

第4章　実務編Q&A

　の修正を実現する、
（2）年々のベアの配分に工夫を凝らし、段階的に修正する、
（3）賃金体系の変更は行わず、カーブ修正の原資を用意し
　　て特定年齢層の賃金を引き上げる

などの方法が考えられます。どの方法がいいかは、問題の深刻
さや緊急性、原資の捻出などから、労使が選択すべきもので
す。ただし、何事もそうですが、急激な変化は摩擦を引き起こ
し、人事管理に悪影響をもたらす可能性が強いと思われますか
ら、やはり、段階的な取り組みが望ましいものと言えます。こ
こにきて、数字的にはわずかですが、ベア（賃金表の改定）が
行われる環境にあります。ベア配分に工夫を凝らすことで、
カーブの修正は可能です。労使がベアをカーブの修正に積極的
に使う合意の下で、中・長期的に取り組むことで修正は可能で
す。いずれにしても、カーブの修正には相当の時間がかかりま
す。中・長期的に取り組みたいものです。そのためには、労使
が共通の賃金政策（ビジョン）を持つことが必要となります。
労使で賃金のカーブ修正への道筋を明確にしてください。

図表6　ステージ別の賃金体系

項　目	賃金体系	Jクラス （20代）	Sクラス （30代）	Mクラス （4、50代）	シニア （60代）
生活主義	年齢給	◎	○	—	—
能力主義	職能給	○	◎	○	—
成果主義	役割給	—	—（△）	◎	◎

145

5．Q　手当の廃止に伴う原資はどう取り扱うべきか

　労使で今、賃金体系の変更を検討しています。この機会に役割が終了した手当を廃止することにしています。手当を廃止する場合、浮いた原資はどのように扱うべきでしょうか。また、これを機会に基本給賃金表を導入する予定です。手当廃止の原資を、基本給賃金表の移行格付けに使いたいと考えていますが、労使で意見の相違があります。

A　手当の原資は基準内賃金の中で配分する。基本給の充実、賃金表の移行原資として使うのがベター。段階的減額の検討も必要

（1）基本給と手当の関係

　まず、最初に基本給と手当の違いおよびその関係をみておきましょう。社員の賃金が高いか低いか、つまり、賃金水準は所定内賃金が対象になります。所定内賃金は基本的賃金と付加的賃金の2つに分かれます。基本的賃金とは社員全員を対象とする賃金で、付加的賃金とは特定の人が対象となる賃金です。通常、基本的賃金が基本給、付加的賃金が手当となります。

```
所定内賃金 ┬ 基本的賃金（全員）……基本給
          └ 付加的賃金（特定）……手当
```

　基本給と手当では、当然ながら全員が対象となる基本給を充実させることが重要です。特定の人が対象となる手当が多いのは感心しません。中には、全員に一律に手当を支給している事例がみられますが、一律的な手当は基本給に含めるのが理論的

で、納得性の高い賃金体系といえるでしょう。基本給と手当は所定内賃金の内訳で、一方が強めれば一方が弱まる関係にあります。手当が多くなると、基本給は貧弱なものとなります。理論的には手当は少なければ少ないほど、望ましい賃金体系と言えるでしょう。なお、厚生労働省の調査によれば、所定内賃金を100として、基本給と手当の額的割合は概ね85対15となっています。

　手当は簡単に作れますが、一度作ると、廃止するのに大変な労力と時間を要します。現に支給し、受け取っている人がいる限り、不公平であるからといって、直ちにカットするわけには行きません。手当の新設は慎重に慎重を重ね、十分検討した上で結論を出してください。また、過去には必要であった手当でも、環境変化の中で役割が終了した手当が少なくありません。このような手当については見直していくべきでしょう。手当の見直し、整理は賃金体系の変更時がチャンスです。

（2）賃金体系は要素別決定に

　手当を整理し、かつ支給基準を明確にしていくためには、基本給を要素別に組立てることが重要です。要素別決定とは生活保障要素と労働対価要素をはっきり分離して設計する決め方を言います。例えば、生活給（年齢給）と職能給、生活給と役割給といったように基本給が2本建てで組立てられている体系です。なぜ、生活要素と労働対価要素を分離して組み立てるべきかですが、両者は果たすべき役割も、シェイプ（カーブの形）も異なるからですが、今多くの企業が課題としている中だるみの是正にも有効だからです。

　賃金体系の変更を検討中とのことですが、基本給は要素別に

147

組立てることをお勧めします。基本給1本の総合決定給の賃金体系では、どの部分が仕事、能力、生活に対応する賃金かが不明確になるため、仕事、能力、生活の微細な差を手当でカバーしようとし、手当が新設され易くなります。せっかく今回手当を整理しても、必ず手当新設の要望が出て来ます。要素別に基本給を組み立てておけば、必要な手当は扶養家族を持つ者の生活費の差をカバーする家族手当と部下を持つ者に対する役付手当、部下を持ちかつ時間外適用除外者のための管理職手当だけで済みます。

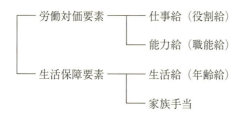

（3）賃上げの配分と手当

　従来の賃金交渉は平均賃金をいくら上げるかの交渉です。このような平均交渉では通常、基準内賃金が対象となります。基準内賃金とは労使が約束した引き上げ対象となる賃金の範囲で、基本給と一部の手当が含まれます。家族手当などは基準内賃金に入るのが一般的です。手当の引き上げもその配分で行われます。つまり、労使が合意した基準内賃金の原資が配分されて決まっている手当を廃止するのであれば、基準内賃金に還元するのが望ましいといえます。基本給は基準内賃金の一部ですから、手当の廃止に伴う原資を、基本給の移行に使うのは問題ないものと考えられます。ただし、労使が決めることですか

第4章　実務編Q&A

ら、十分話し合って決めてください。廃止する手当が、仮に基準外賃金の手当であっても、どのように取り扱うかは労使合意の上で使い道を決めるようにしてください。

　さて、手当を廃止する場合、問題となるのは手当受給者の急激な賃金ダウンです。労働条件の不利益変更に抵触する恐れがあります。これを避けるには、3〜5年かけ段階的に減額する対応も必要です。どのような手当を廃止するのかわかりませんが、個人的に金額の多い場合は、一回当たり減額に上限を設定する方法もあります。原則は3年で減額するが、一回当たり（1年）の上限は5,000円とする、といった移行基準を設定することも、労使で検討してください。

（4）賃金表導入後の賃金交渉と手当

　最後に、賃金表導入後の賃金交渉について触れておきます。まず、ベアと昇給（ないし定昇）をはっきり区分した交渉を行う必要があります。ベース（賃金表）アップ（改定）、略してベアとは賃金表の書き換えを意味します。昇給ないし定昇は、個人別賃金（一人ひとりの賃金）の賃金表の中での上昇を指します。ベアと昇給ないし定昇は性格も果たすべき役割も異なります。ベアは生産性、生計費（物価）、労働力の需給関係を受け止めて行われるものですが、昇給ないし定昇は仕事、能力、年齢など労働力の向上を受け止めるものです。また、昇給ないし定昇は、賃金表にしたがって計算し積み上げられ、一人当たり定昇額、定昇率が決まるもので、交渉して決まるものではなく、したがって総額を決めて配分するものではありません。また、定昇の大きさは年々変わるもので、前年と同一ではありません。したがって、固定して考えるわけにはまいりません。

149

一方、ベアは労使交渉で決まるもので、配分するものです。このような賃金交渉を個別賃金交渉といいますが、個別賃金交渉においては、手当の新設および増額はベアの配分で決める形となります。ベアを基本給の改定に配分するのか、手当の新設や増額に配分するのかは、労使の交渉で決まります。

　賃金体系を変更し、賃金表を導入した後は、これまでの平均賃金交渉から個別賃金交渉へ変更してください。平均賃金交渉は一人当たりの平均引き上げ額を決めて、配分で個人別の賃金を決めます。配分の仕方も毎年変わりますから、個人は将来の賃金を予測することができません。賃金表が明確になっていれば、一人ひとりの賃金決定は賃金表に照らして決まりますから、将来展望ができますし、納得性が高いものとなります。

　個別賃金交渉は賃金表の改定によるベアと昇給（定昇）によって各人の賃金を決める交渉方式です。交渉によってベアを決めますが、定昇は労使で確認はしますが、原資の交渉は致しません。

第4章　実務編Q&A

６．Q　賞与を計算する際の賃金に手当は含めるべきか

　これまで賞与は労使の約束で、基本給で計算してきました。
一部役職者の中から、賞与は業績の還元であるから、管理職手
当を含めて計算するべきではないか、との意見が出て、算定方
法の見直しを検討しています。どのように対処したらよいで
しょうか。

A　生活一時金と業績賞与の区別をした上なら、それ
　　ぞれに家族手当、管理職手当を含めることができ
　　る

　賞与の計算をどの賃金項目で行うのかは、労使間の問題で、
理論的にどの賃金が望ましいとはいえません。しかし、賞与ま
たは一時金といわれる臨時給与が年間約４〜５ヵ月前後支給さ
れています。これは年間賃金の約３割を占めています。そこ
で、月例賃金との関連で臨時給与の機能、支給総額の算定、個
人別配分のあり方などが、最近あらためて労使間で議論される
ようになってきました。

（1）臨時給与の性格
　賞与または一時金、一般にボーナスといわれるものは、あら
かじめ支給額が決まっているわけではないので、労働条件的に
はあくまで臨時給与としての位置付けとなります。臨時給与を
労働組合は一時金、企業は賞与と呼びますが、これは、労働組
合は賃金の一部、企業は業績の配分とみているからです。しか
し、年間４〜５ヵ月の臨時給与の全てが賃金（生活一時金）で
あるともいえないし、全てが業績の配分（業績賞与）であると

151

もいえません。計算の基礎となる賃金を検討するに当たっては、まず、臨時給与の性格をはっきりさせる必要があります。

　労働者の生活費のうち、住宅ローンの返済、耐久消費財の購入、盆暮れの生活習慣的な支出にボーナスの一部が当てられています。毎月の賃金にボーナスの一部を含めて生活が成立している以上、企業業績の性格だけで決めるわけにはいきません。この点については労使ともに共通の認識にあると思われます。この部分は生活一時金としての性格を示しています。これを上回るものが業績賞与となります。

　これまで労使ともに両者の区別を曖昧にしてきました。これからは、はっきり仕分けしていくべきでしょう。問題は臨時給与のうち何ヵ月分が生活一時金で、何ヵ月分が業績賞与なのかという点です。これは一概に何ヵ月と断定できるものではありません。その企業の賃金水準、社員の意識（臨時給与の受け止め方）、労使関係などによっても違ってきます。労使で十分話し合って決めてください。賃金統計と生計費の実態からみると、おおむね2～3ヵ月程度が生活一時金とみることができます。つまり今日、労働者は12ヵ月の賃金に2～3ヵ月の一時金を加えて年間の生計費を賄っているわけです。

（2）生活一時金と業績賞与の運用の違い

　生活一時金と業績賞与を明確に区別すると、それぞれの性格に応じた決め方、運用が可能になります。生活一時金は年間必ず支給する賃金の一部となり、月例賃金とあわせてベース年収となります。12ヵ月の賃金に何ヵ月の一時金を加えるかは、生計費が基準となりますが、支給月数は固定するのが望ましいといえます。生活一時金には当然ながら査定は入りません。ま

第4章　実務編Q&A

た、労使関係からみると、この部分は春の賃金交渉の対象となります。

したがって、業績賞与は年間の賃金と企業業績を事後的に調整する役割を持つものと位置付けることができます。そこで、業績賞与には企業業績に応じて変動する仕組みが必要となり、労使間では算式による協定の形になります。企業業績によって変動しますので、あらかじめ支給月数を決めることはできません。業績への貢献度を重視すべきですから、査定が行われます。臨時給与を生活一時金と業績賞与に区分にした事例を、以下に紹介しておきましょう。

A社　基本賞与＋業績賞与

　　　月例賃金プラス基本賞与で標準生計費レベルを確保。業績賞与は営業利益の一定割合。

B社　固定賞与＋業績賞与

　　　固定賞与、夏1.5、冬1.5ヵ月。業績賞与、半期営業利益の3分の1。

C社　普通賞与＋成績賞与

　　　普通賞与、年間3ヵ月。成績賞与、経常利益の4分の1

3社とも基本賞与、固定賞与、普通賞与と呼んで一時金とは言っていませんが、賃金の後払い的な性格を持ち、この部分は生活一時金と見ることができます。業績賞与は何をもって業績とするかが労使間の課題ですが、事例では営業利益や経常利益がとられています、

3分の1とか4分の1は原資を示しています。

（3）算定の基礎となる賃金項目

さて、ご質問の役職者の手当を入れるかどうかですが、役職

153

者は責任も重く、業績への貢献度が高いと考えるならば、業績賞与部分には管理職手当を加えることも可能です。業績賞与に管理職手当を含めるとすれば、生活一時金の基礎給には基本給の他に家族手当を入れるべきでしょう。なぜなら、家族手当を含めて生活が営まれているからです。手当を賞与の計算基礎給に含めるとしても、管理職手当、家族手当だけにしてください。一部の人にだけ支給されている手当まで全て含めると、臨時給与が月例賃金と全く同じになってしまいます。毎月の賃金とは別に年2回支給するのですから、何らかの違いがあるべきです。管理職手当を計算基礎に入れる場合、議論になるのは管理職手当の中に含まれる時間外見合い部分の取り扱いです。手当全体を入れると時間外相当も賞与に反映されます、時間外部分に貢献度が含まれているとみれば問題ないのですが、意見の分かれるところです。

　もちろん、これまでのように基本給だけを基礎給として計算することもできるでしょう。その場合でも、無査定部分と査定部分、固定部分と変動部分をはっきり区分することで、生活一時金と業績賞与の性格を区別しておく意義は大きいと思います。

　ところで、管理職の賞与に成果主義の色彩を強めるために、賞与の計算となる賃金は月例賃金から切り離す事例もふえてきています。同一等級、同一役職でも基本給が違う場合、査定を加えても、賞与はやはり基本給が高いほうが有利となります。そこで、個人の基本給、とは別に等級別に定額の賞与計算の基礎給を設けます。つまり、等級あるいは役職が同じなら賞与計算の基礎給はみな同じになります。査定がそのまま賞与に反映される形です。手当を含めるかどうかと同時に、このような計算方式も検討してみてはいかがでしょうか。

154

第4章 実務編Q&A

7．Q 賃金体系を変更せず、定昇額を見直す場合の賃金表改定のポイント。

職能給と年齢給の2つで基本給を構成する賃金体系を採っています。職能給は昇格昇給と習熟昇給の2つの昇給で組み立てる一般的な仕組みです。習熟昇給と年齢給昇給を定昇とし、賃金表で運用しています。定昇額が世間よりも高く、定昇に原資が食われ、ここ数年ベアを実施したくてもできない状態です。現行賃金体系の中で、定昇の引き下げを考えています。どんな点を見直し、どのように改善すれば実現できるでしょうか。

A 基本給ピッチの配分を見直し、年齢給カーブを先立ちに、職能給は昇格昇給を強め、接続型に修正するなど、賃金表の改定もすすめる

高齢化の進展、65歳への定年延長といった経営環境の変化の中で、定昇のあり方を見直す企業が増えています。定昇のない賃金体系への変更を検討する企業もありますが、これまで定昇が果たしてきた役割は、決して小さくありません。このような時代でも、定昇制度は必要だと思われます。しかし、過大なる定昇は適正な額に修正していく必要があります。では、現行体系の中でどのように定昇を見直すべきでしょうか。

（1）定昇が過大になる要因

まず、年齢給と職能給の基本給で、なぜ定昇が過大になるのか、その要因を考えてみましょう。結論からいえば、（1）基本給ピッチの配分、（2）賃金カーブの形、（3）賃金表のタイプ、の3点に何らかの問題があるからと思われます。

155

基本給ピッチとは、モデル者の1歳当たり格差で、これを年齢給、職能給に割り振って賃金表が作られています。職能給は、さらに昇格昇給と習熟昇給に配分されます。昇給項目にどのように割り振るかによって、定昇の大きさが決まります。年齢給および習熟昇給のピッチが大きければ、必然的に定昇額は大きくなります。

　賃金カーブが年齢横軸に対して右上がり、後立ちのカーブですと、全員が何らかの形で定昇の対象となり、定昇は大きなものとなります。定昇を抑制し、適正にするには、賃金カーブを先立ちのカーブに修正する必要があります。特に、生活給である年齢給は、一定の生計費を上回るレベルに到達した後は、フラットにするべきでしょう。労使が合意できるのであれば、子供が独立した後（例えば、55歳以降）年齢給にマイナス昇給を取り入れることも理論的には可能です。

　職能給の賃金表に、上限賃金は設定されているでしょうか。昇給がいつまでも継続する青天井の職能給では、定昇は大きくなります。また、上限が設定さているとして、等級と等級の間はどのような関係になっているでしょうか。職能給は能力に応じた賃金ですから、ある等級の上限賃金は1つ上の等級の初号賃金と一致する（接続型）が望ましいタイプです。ところが、定昇が過大なケースでは、下位等級の上限賃金が1つ上の初号賃金を上回る賃金表（重複型）が多いのが実態です。この結果、定昇が大きくなると同時に、上位資格等級の賃金を上回ってしまう逆転現象を起こしてしまいます。職能給導入時は、現給保障の必要から、このような形でも致し方ないとしても、賃金は資格に対応した水準に修正していくべきです。

　定昇を過大にしている要因は、概ね以上の3点です。結局、

第4章　実務編Q&A

体系を変更せず定昇額を修正するには、賃金表の全面的な見直しが条件となります。まず、自社の賃金表をチェックし、問題点を整理してみてください。

（2）賃金表改定のポイント

　調査によると今日の定昇は4,000～7,000円の間に分布しており、平均の定昇額は5,000円程度です。今後とも定昇を抑制する方向にあると思われますので、そこで定昇の大きさを見直すとして、その大きさは世間並みの5,000円以下の定昇額を目指す改定を図るようにしてください。では、どのように賃金表を改定するべきなのでしょうか、上で述べた要因ごとに検討してみましょう。

　まず、基本給ピッチの配分見直しですが、年齢給ピッチは基本給ピッチの4分の1以下にします。年齢給は生活給ですから、最低生計費から求めますが、ピッチは最大でも額的には2,500円程度にしたい。4分の1以上になると、職能給のピッチが小さくなり、能力に応じた賃金が実現できなくなります。職能給ピッチを昇格昇給と習熟昇給にどう配分するかは、その企業の基本給ピッチの大きさによって違ってきますが、定昇を小さくするには昇格昇給のウエイトを高くする必要があります。少なくとも職能給ピッチの4割程度は昇格昇給に配分してください。

　年齢給は世帯形成期の30歳を重視したカーブに修正します。つまり、30歳までのピッチを最も強くし、30歳を過ぎたらなだらかなカーブになるように設定し直します。賃金が一定の生計費を上回る年齢でストップすることも検討してみてください。年齢給の昇給ストップ年齢はライフサイクルビジョン次第です

157

が、40歳代後半が適切と思われます。

　職能給は等級ごとに初号賃金（いくらから始まり）、上限賃金（いくらまで）を設定する必要があります。青天井は職能給とはいえません。必ず上限賃金を設定します。上限が設定されているとしても、下位等級の上限賃金と上位等級の初号賃金が重複していると、結果として定昇は過大になります。両者が一致する接続型への変更を検討してみてください。仮に重複する場合でも重複率が少ないタイプに修正することが必要です。管理職クラスの職能給は昇格昇給を大きくし、習熟昇給をできるだけ小さくし、等級間で格差がはっきり生じる開差型が望ましいと言えます。管理職の賃金は、毎年いくら上げるか（昇給）よりも、いくらにする（高さ、金額）を重視すべきですから、昇格時の昇給、すなわち昇格昇給を思い切って引き上げる設定が望ましいと言えます。

　習熟昇給は通常査定が行われますが、標準評価であれば滞留年数とは無関係に同じ額だけ昇給するように賃金表が作られている場合が多い。等級内昇給は習熟の高まりに伴う昇給ですから、同一等級に長く滞留すれば習熟の伸びは弱まります。そこで、今後は等級の上限賃金に近づくと昇給が小さくなるように、つまり昇給逓減型に修正することも可能です。これによっても定昇額を修正できます。職能給の習熟昇給は本来、逓減するのが望ましいのですから、逓減型の昇給を前提とした職能給賃金表に切り替えることを検討してください。

　以上はやや実務的な取り組みになりますが、一定の条件（定昇の圧縮）を実現するからには、理論的な取り組みが求められる点を理解してください。

第4章　実務編Q&A

（3）移行上の留意点

　賃金体系を変更しないで定昇額を適正な額に修正するには、賃金表の改定が条件となります。しかし、次年度からの定昇を修正するのが狙いで、賃金を下さげるわけではありませんから、あくまでも現行賃金を尊重して移行します。新賃金表に各人を移行するには、次の手順で行ってください。

（1）新年齢給を決めます。年齢が最も確実に、明確に把握できます。

（2）現基本給から新年齢給を引き、新職能給の予算額とします。

（3）その額もって、新職能給表に移行格付けを行います。資格等級は動かしません。

（4）号俸へは直近上位方式（最も近い上の号俸）で移行します。

（5）上限賃金を上回る場合は、3～5年かけて調整します。

（6）初号賃金を下回る場合も調整します。移行時に一挙に調整するかは原資次第です。

　したがって、賃金表を改定する場合、移行調整原資が多少必要となります。短期的な効果よりも、中長期の視点で効果を捉えてください。

159

8．Q　パートタイマーの賃金決定ルールを定めたい

パートタイマーを大勢雇用しています。これまでパートの賃金は、地域の相場に準じて各地の事業所の判断で独自に決めることにしてきました。その結果、都市部より地方の賃金が高い、以前採用された者より最近採用した者の賃金が高い、などいろいろな問題が生じてきました。また最近問題になっている、同一労働同一賃金も目指しながら、統一したルールを作りたいのですが、パートの賃金決定はどのように考えるべきでしょうか。なお、パート社員の職務は比較的単純な業務ですが、定着率の向上も図りたいと考えています。

A　地域の相場重視は大切だが、経験、採用事情、勤務時間帯などを考慮したルール作りを

パート社員や契約社員などのいわゆる非正規社員が増加し、かつ長期勤続化するに従い、正社員との雇用の違いによる賃金格差が社会問題になり始めています。特にパート社員の労働条件について不明確な部分も多く、特に賃金の決め方については、採用者の裁量に任されているケースが多く、正社員との関係についても曖昧になっているのが実態です。同一労働同一賃金の実現と同時に、無期転換ルールへの対応も求められています。パート雇用は、これまで主として主婦労働力に依存することが多く、比較的単純な仕事が中心でした。今後は、60歳定年後の再雇用の1つとして、短時間労働が広がることが予想されます。したがって、これからは従来の単純労働のパート雇用のみならず、短時間雇用の視点から、労働条件を明確にしていく必要があると思われます。しかし、ここでは非正規社員の多数

第4章　実務編Q&A

を占める単純業務に携わるパート社員の賃金に限定して、ルール作りを考えてみましょう。そこで、パート社員の賃金に取り組んだある企業（仮にK社する）の実際を通して、パート賃金決定のあり方を考えてみたいと思います。

（1）パート賃金決定の基本

K社ではまず、賃金決定の前提となる雇用期間、労働時間、担当職務、教育の必要性、習熟期間、地域別採用事情などを検討しました。その結果、

①パート社員の雇用期間は1年契約とし、5年更新後は無期雇用に切り替える

②勤務時間は正社員より短く、最長でも1時間少ない労働時間とする

③担当する職務は単純定型的な業務に限定するが、本人の希望によっては判断業務を任せることもある

④教育は採用時に少なくとも1週間（現場実習を含む）の研修を実施する

⑤地域別の採用事情および賃金相場を尊重する

などを確認しました。

その上で、賃金決定の具体的な賃金体系を議論し、

イ、賃金は職務を基本に、難易度を評価5段階で決定し、時間給とする。

ロ、勤務パターンは5時間、6時間、7時間の3種類とする。

ハ、どの地域においても法定最低賃金を上回る水準とするが、地域別の採用事情を考慮して、格差を設ける

二、習熟期間は短いが、定着率を高めるために、経験（勤

続）に応じて昇給する仕組みを作る

　ホ、早朝、夜間、深夜勤務などの時間帯には賃金を加算する

　ヘ、特殊な職場環境、特殊な職務には手当を支給する

　ト、年2回社員と同等の賞与を支給する

ことに決めました。

（2）賃金体系と水準の決定

　最終的に決まった賃金体系は、次の6項目になりました。

　　　基本給…地域別最低賃金を参考に決定。これを難易度Aの
　　　　　　　水準とする

　　　地域加給…地域の賃金相場および採用事情を考慮して決め
　　　　　　　　る

　　　経験給…勤続年数に応じて1年勤務ごとに5年まで加算。

　　　時間帯加給…早朝、夜間、深夜、休日に区分して加算

　　　特殊職務手当…屋外、倉庫などの職場に加算

　　　賞与は社員に準じて年2回支給する

　基本給は当初、全国一律にし、地域加給で差をつける予定でしたが、地域別最低賃金を目安に決めておく方が、今後改定する場合に理解されやすい、との判断からブロックごとにきめることにしました。また、この水準を職務の難易度A（最も低い額）とする。したがって、地域加給は主として採用事情を考慮して決める賃金になり、地域は都市別になっています。この2つは、同じ地域であれば共通する賃金となります。時間帯加給は勤務時間帯による賃金で、早朝、夜間など主婦パートが勤務し難い時間でかつ繁忙の時間帯の勤務者に加算する手当といえます。経験給は、組織として期待する5年まで昇給することで定着を図る狙いがありますが、習熟を見たものともいえます。

第4章 実務編Q&A

　基本給はブロック別Ａ地区（首都圏）、Ｂ地区（大都市）、Ｃ地区（中都市）Ｄ地区（その他）に４区分、地域別最低賃金を上回る水準を設定しています。これは、Ｋ社は流通業で、パートが中心的な労働力となっており、優秀な人材を採用する必要に迫られている事情もありますが、もう１つ、高卒初任給を参考に決定した背景があるからです。高卒初任給を時間換算して、少なくとも通常勤務（昼間）の時間給を同レベルか、上回るレベルに決めるべきであるとする労働組合の要請を受け入れたからでもあります。朝や夕の時間帯加給が加われば、高卒時間賃金を確実に上回るレベルとなります。

　なお、契約更新の目安は無期転換の５年に置いていますので、昇給は５年までとしています。さらに、無期転換を希望し、かつ仕入れなどの判断業務を遂行する能力がある者については、社員への登用の道を制度化することにしています。

図表7　パート賃金表（金額は参考）

基本給	地域加給	経験給	時間帯加給	特殊職務手当
Ａ　900円 Ｂ　850円 Ｃ　800円 Ｄ　750円 ＊最低賃金に応じて随時見直し ＊これをＡランクとし職務難易度をプラス	東京　210円 大阪　160円 横浜　210円 など （地域別最低賃金との関係で地域加給します）	勤続年数１年毎に10円。最高５年まで。成績によっては20円まで可能。＊定着対策	早朝　200円 夕方　200円 夜間　300円	特殊な職場環境、特殊職務に支給 20円

163

（3）賃金決定の留意点

　パート賃金は地域の相場に準じて決めるばかりでなく、正社員の賃金との関係などパート社員が納得できる公正な決め方が必要ではないかと思われます。K社のパート賃金は、決定基準を明確にし、金額も企業独自の方針を持って決めている点で参考になるのではないでしょうか。勤続を重ねれば、確実に能力も上がるのですから、昇給制度も必要です。事業所が同一地区にあって、地域間に格差をつける必要がなければ、基本給に経験給を加えた賃金表を設定すればシンプルな形にすることが出来ます。

　単純定型的な仕事が中心の場合は、このような決め方で対応できると思われます。しかし、パート社員だけでなく定年後の短時間労働者も対象とする場合には、職域が判断業務、指導業務まで広がる可能性があります。そのような状況を想定するなら、短時間勤務の社員を対象とした職務等級制度（職務評価による仕事の難易度による格付け）を導入する必要があるでしょう。やる気を高め、定着率向上にも有効ですし、賃金も決め易く、分かりやすくなります。

第4章　実務編Q&A

9．Q　個別賃金交渉の手順と留意点

　3年前、労働組合の要望で賃金表を導入・整備したのを機会に、それまでの平均賃金交渉から個別賃金交渉に切り替えました。35歳標準労働者ポイントで交渉し、妥結後、配分を協議し、賃金表を書き替えています。社員の間からは分かりにくい、役員からは定昇も賃上げに含めるべきではないのかなどの意見が出て、対応に苦慮しています。どんな点に留意して、個別賃金交渉を進めればよいでしょうか。

A　定昇とベアの性格の違いを全社に説明する。当面は、ベアと区別した定昇込みの要求、交渉も。

　賃金交渉は今、平均賃金交渉から個別賃金交渉に切り替わりつつあります。しかし、まだまだ平均賃金交渉の労使もおり、他社との比較が出来ない、全体でいくら上がるのか分からない、といった意見があることも事実です。個別賃金交渉を軌道に乗せるためには、まずベアと定昇の違いを明確にし、その意義を社内で理解することがスタートです。

（1）定昇とベアの違い

　賃金は労働または労働力の対価であり、需給価格です。そこで、供給する側の労働組合と需要する側の経営つまり、労使が交渉（取引）によって価格が決まります。労働または労働力は具体的には仕事、能力、年齢といった銘柄の違いがあり、価格も銘柄ごとに決められます。この銘柄を指定した賃金を個別賃金といいます。労使の交渉によって決まった銘柄別の価格一覧表が賃金表です。一人ひとりの賃金は、賃金表をベースとし

165

て、その人の仕事や能力や年齢といった銘柄を見つめて決定します。この賃金を個人別賃金といいます。個人別賃金は、したがって、100人の会社には100人、従業員の数だけ存在することになります。100人の個人別賃金を集約したものが平均賃金です。

> 個別賃金………銘柄別賃金（賃金表）
> 個人別賃金……一人ひとりの賃金
> 平均賃金………一人当たり賃金

　新年度の賃金表（ベース）をいくら上げるか、賃金表の改定をベースアップ、略してベアといいます。１年経つと一人ひとりの銘柄が変化します。これを受けて個人の賃金は賃金表の中で引き上げられます。これが昇給であり、そのうち定期的に労使が引き上げることを約束したものが定期昇給、つまり定昇です。

> 賃金表の改定……ベースアップ（ベア）
> 個人の賃金のプロモート…昇給そのうち定期的なものが定昇

　ベアとは賃金表の改定ですから、個別賃金の問題であり、定昇は個人別賃金の問題です。両者は性格も果たすべき機能も異なります。はっきり区別して実施する必要があります。

> ベア——個別賃金の問題
> 定昇——個人別賃金の問題

　ベアゼロとは賃金表の改定見送り、つまり現在ある賃金表を新年度も継続して適用することになりますが、定昇は制度として、実施することが必要です。賃金表がなければ、ベアと定昇の区別がつかないことになります。

第4章　実務編Q&A

(2) 2つの交渉方式——その特徴

　一人ひとりの賃金（個人別賃金）は賃金表（個別賃金）に照らして決められるべきで、定昇は制度による運用の問題であり、労使交渉の必要はありません。労使交渉が必要なのはベア、すなわち賃金表の改定です。個別賃金交渉とは、賃金表改定交渉（ベア）を意味します。そのためには賃金表の導入が前提となります。

　しかし、賃金表が導入されていない場合、個別賃金交渉はできません。そこで、一人当たり賃金の平均賃金をいくら上げるかを交渉し、配分によって個人別賃金をきめる形をとります。これが平均賃金交渉です。

　図表8でみるように、平均賃金交渉と個別賃金交渉ではベースの意味が全く異なります。前者は組合員の平均賃金ですが、後者は賃金表を指します。定昇の取り扱いも、初任給決め方も違います。平均賃金交渉では、賃金水準を1円も上げない定昇を込みとするほか、初任給を交渉の対象外とするため在籍者の関係が不安定になるなど、多くの問題点を含んでいます。賃金交渉は本来、賃金水準の引き上げ交渉ですから、個別賃金交渉が望ましいのですから、社内に十分説明し、定着を図ってください。

図表8　2つの交渉方式

項　目	平均賃金交渉	個別賃金交渉
ベース	3月に在籍する 労組の平均賃金	賃金表
ベア	平均を いくらあげる	賃金表の改定 （いくらにするか）
定昇、ベア	込み	区分
初任給	対象外 （別原資）	ベアの配分の中 （労使交渉）
表現	率	額

（3）賃金交渉の手順

　個別賃金交渉がわかりにくいといって、平均賃金交渉方式に戻すことには賛成できませんが、ベアと定昇を明確に区別した上で平均賃金を議論するのであれば、個別賃金交渉と同様の交渉が可能です。そこで大切な点は、賃上げ交渉の手順です。

　図表9を見てください。交渉に入る前に、定昇を確定し、ベアと定昇を区別した要求、交渉を行います。賃上げが確定したなら、ベアが自動的に決まりますので、このベアで賃金表の改定と初任給改定を行う、手順です。

　2月までに会社は全員の定昇を計算します。昇給査定を行うためには、この時期までに、評価が確定していなければなりません。そして、労使による一人当たり定昇額、率を確認します。3月初旬、労働組合は、確認した定昇とベアを併せて要求します。そして3月末までに、交渉によって、賃上げを妥結します。妥結すれば、定昇は確定しているのですから、ベア率が

第4章 実務編Q&A

自動的に決まります。そのベア率で賃金表の改定と初任給改定を実施します。改定された賃金表に照らして、各人の新賃金を計算します。当面は、このような交渉方式をとってみてはいかがでしょうか。

図表9 賃上げ交渉の手順

なお、個別賃金交渉の分かりにくさを解消するには、35歳の標準労働ポイントのみならず、職種、熟練度を組み合せた25歳、30歳、40歳などポイントを増やすべきでしょう。一人ひとりが、職種・熟練度（等級・号俸）、年齢で自分の賃金が計算できるような交渉に改めていく必要があります。

10. Q　住宅手当の廃止と基本給への吸収方法

　当社の賃金には基本給の他に、全員に住宅手当が支給されています。支給金額は世帯主15,000円、その他（準世帯主）10,000円となっています。いま、労使で住宅手当を廃止し、基本給に吸収する方向で協議をしています。現在支給されている額をそのまま各人の基本給に吸収すると、世帯主が有利な扱いとなるため、労使で意見がまとまりません。どのように吸収するのがよいでしょうか。

A　一律部分を基本給に吸収し、上回る部分は段階的に整理する。あるいは一人当たり平均額で吸収するなどの方法がある

（1）住宅手当の問題点

　厚生労働省の調査によると約5割の企業で住宅手当が支給されています。これは決して少ない数字ではありません。ところが、支給基準は各社各様で、共通性に乏しく、支給額も大きなばらつきがあります。これは、家族手当、役付・管理職手当などと違い、住宅手当を支給する狙いが企業によって異なっているからです。必ずしも住宅に関連する手当の性格を持たないものもあります。したがって、住宅手当を支給している企業では、支給基準や支給額をめぐって、何らかの問題点を抱えているところが少なくありません。基本給への吸収を考える前に、現在の住宅手当の問題点を整理しておきましょう。

　住宅手当の支給基準には、世帯主か非世帯主か、持ち家か借家か、社宅入居者か非入居者か、どの地域に勤務（あるいは住

第4章　実務編Q&A

居）しているか、などがあります。実際はこれらの基準を組み合せ、支給されているのが実態です。これらの支給基準が、賃金決定として公平な基準になりうるものであれば問題ありません。不平不満が生ずるとすれば、やはり、手当の存在そのものに問題があるといわざるを得ません。

　世帯主か非世帯主かの違いは本来家族手当が果たすべき役割であり、家族手当のほかに住宅手当を支給する必要はないはずです。勤務地区の違いは、生計費の地域格差をカバーするものですから、住宅手当ではなく地域手当とするべきでしょう。住宅が持ち家であるか借家であるかを考慮する必要があるのでしょうか。持ち家といても親から相続した持ち家もあれば、ローン返済中の持ち家もあります。借家といっても家賃は様々であり、一括りにできるものではありません。社宅入居非入居で手当を支給する必要があるのでしょうか。企業は全員に社宅を用意することはできないのですから、入居基準および入居期限を明示すれば、社宅非入居に手当を支給する必要はなくなります。例えば入居者は、転勤者、遠隔地採用者、業務上の必要者に限定し、入居期間は最大5年といった規定をつくるべきです。社宅を作り、維持していくには多額のコストを必要とします。社宅にかかる費用は賃金に振り向けるべきでしょう。どこに住むか、どんな家に住むかは個人の自由であり、企業は住宅事情で賃金に差をつけるべきではありません。また、住宅手当は時間外計算の基礎に入ります（家賃補助の手当は除外）。住む家によって時間外手当が違ってくるのはおかしな現象です。このように住宅手当には多くの問題点がありますので、存続するか否かを検討する時期にきていると思われます。

（2）住宅手当の背景

　では、なぜ5割もの企業が住宅手当を支給しているのでしょうか。住宅手当が普及した背景には、退職金との関係が大きな要因になっています。1960年から75年の高度成長期は、賃金が毎年大幅に上昇しました。当時の退職金は基本給に勤続係数を乗じて計算する算式をとっていたため、基本給の上昇はそのまま退職金の引き上げにつながります。そこで、退職金にはね返らない賃金として住宅手当が新設され、普及しました。当時住宅費が高騰し、住宅問題が課題になっていた背景もあります。つまり、住宅手当は第二基本給の性格を持っていたわけです。手当とは本来一部の者が対象になり、全員に支給する手当ではないのですが、住宅手当は全員に支給する形がとられたのは、このような背景があったからです。全員に、一律に支給している企業があるほどです。もちろん、なかには住宅費の補助的性格を持っている手当もないわけではありませんが、それは少数派です。退職金との関係がきっかけで生まれた住宅手当が、その後社宅、地域、扶養の有無などの要素を加えて複雑化し、合理性、納得性のない手当になっているのが現状です。

　退職金の算定方式を賃金から切り離さない限り、手当の整理、吸収はできません。幸い、ポイント制などの退職金算式が普及してきましたので、住宅手当を整理しやすくなってきています。手当の整理、吸収は、賃金体系の見直しがチャンスです。今日、各人の賃金上昇は、基本給の昇給が中心となっています。手当を整理し、基本給を充実し、基本給昇給に重みを待たせるためにも、手当の簡素化を図るべき時期に来ています。

第4章　実務編Q&A

（3）基本給への吸収方法

　手当を整理して基本給に吸収する方法には、原資の配分によって一挙に実施する方法と、時間をかけながら各人の手当を段階的に整理、吸収する方法の2つがあります。貴社の事例で具体的に検討してみましょう。原資の配分による吸収とは、現在、住宅手当として各人に支給されている金額の合計（これが住宅手当の総原資になりますが）を人数で割って一人当たりを求め、この金額を基本給に吸収する方法です。現在、15,000円と10,000円の2つの住宅手当を同額にして吸収すると考えれば、わかりやすいでしょう。同額にするとして、一律15,000円にすると、現在10,000円を5,000円引き上げなければなりませんから、新たに原資が必要です。また、低い10,000円で同額にすると、当然5,000円下がる者がでます。そこで、総原資を再配分し、一人当たりの平均で吸収するのが原資配分方式です。一人当たりの平均は15,000円と10,000円の間になりますから、低い住宅手当を受け取っているものは上がり、高い手当のものは下がるという問題点は残りますが、一挙に整理できる長所を持っています。多少追加原資を必要としますが、できれば下がるものには移行時は現行の手当額を保障し、3～5年かけて解消するといった措置を講ずる方法もあります。

　段階的に整理・吸収する方法とは、共通部分の金額は基本給に吸収し、上回る金額については段階的に解消する方法です。貴社の場合、世帯主であるか否かは関係なく、10,000円部分は一律の手当部分であり、共通です。これは手当というよりは明らかに基本給の性格をもっています。そこで10,000円は全員基本給に吸収し、上回る5,000円部分は時間をかけて段階的に減額し、解消することにします。準世帯主はそのまま基本給に吸

173

収されますが、世帯主の5,000円は基本給に吸収されないばかりか、いずれ減額されることになり、不満が出ることが予想されます。といって、現在手当を支給されている額をそのまま基本給に吸収すると、手当を整理した時点で世帯主であったか否かで基本給に5,000円の格差が生じ、やはり問題です。手当であれば、準世帯主が翌年世帯主になると格差が解消されますが、基本給ではそういうわけには行きません。

　どのような方法をとっても、有利不利が発生するのは避けられません。手当の必要性、不公正の面から理解を求めるべきと考えます。一挙に解消するのか、追加原資を用意するのかなど労使で十分議論した上で、社員が納得する方法を選択してください。

図表10　住宅手当の支給額

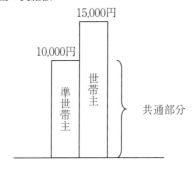

第4章　実務編Q＆A

11．Q　賃上げと生産性の考え方とその指標

　個別労使関係の交渉の場で、社員の「労働の質が上がった」あるいは「中長期的にみて売り上げや利益を生み出し続けることができる基盤が築けたか」といった点が非常に重要だと考えております。この考えはまさに「生産性の向上」をどのようにとらえるかだと思っていますが、「生産性」をどのような指標で表すことができるのでしょうか。生産性におけるインプット・アウトプットを具体的にどのように把握すればばいいのでしょうか

A　賃上げ交渉と生産性の捉え方

　賃上げ交渉で重視する要素として、業績や生産性の割合が増えるに従い、生産性とは何か、生産性をいつの時点で、どのように把握するべきかといった議論が労使間で交わされるようになってきました。生産性は賃金決定の1つの要素に過ぎません。したがって、生産性だけで賃金を決めることはできません。しかし、中長期的には賃金引き上げに見合う生産性向上が絶対条件となります。そこで、生産性と賃金の問題を考えるにあったっては、賃金上昇を可能にする、あるいは賃上げを吸収できる生産性向上目標を、労使が共有し、その達成に向けて労使が努力し合うことが必要です。結果としての生産性も重要ですが、労使が共有する達成目標としての生産性がより重要です。生産性とは限られた資源をいかに有効に活用するかの考え方ですから、インプット（投入量）は増やさず、アウトプット（産出量）を増大していくのが基本概念となる点を理解・確認してください。「労働の質が上がった」あるいは「売り上げや

175

利益を生み出し続ける基盤が築けた」という点は、インプットの、簡単にいえば、人材が生産性向上に寄与している、と言い換えてもいいかと思います。さて、質問を要約すれば生産性のインプット、アウトプットの捉え方と生産性指標の把握と思われますので、この点に焦点を絞って考えてみましょう。

生産活動は資本（K）と労働（L）が結合して行われますから、インプット（投入量）としては資本と労働の2つです。ここでは生産の担い手は労働ですから、労働に絞ります。労働（L）は人数×時間（H）と読み替えることが可能です。少ない人数、少ない時間で生産が可能になっていれば、生産性が高いといえます。

アウトプット（産出量）としては、売上高（生産量、OP）、付加価値（V）、利潤（経常利益、営業利益、R）の3つの指標が考えられます。労働者の忙しさは売上高や生産量に現れます。経営にとっては利潤が重要です。労使関係ではどちらの指標をとっても、問題が残ります。そこで、両者の中間にある付加価値を採るのが望ましいと言われます。付加価値とは売上高から外部購入費（原材料費、動力費、外注加工費など）を差し引いたもので、労使が生産活動を通して生み出した新しい価値です。純生産などとも呼ばれます。労使が共有できる指標は「付加価値」しかありません。ただし、付加価値は決算書などに記載されてはいませんから、労使が独自に算出する必要があります。この点で、付加価値が最適なのにも拘わらず、業績指標として活用されていないのが残念です。この付加価値のうち労働者に配分された割合が、労働分配率（W／V）です。労働者一人当たりの付加価値を「労働生産性」（V／L）といいます。労働者一人一時間当たりの生産性を高めることが重要とな

第 4 章　実務編Q&A

るわけです（第 2 章用語解説編「付加価値と経常利益」93頁参照）。

　なお、付加価値の算出に当たって、外部購入費に減価償却費を含めて算出したものを粗付加価値、含めないものを純付加価値と区別して表現する場合があります。結論的には、この労働生産性を使うのが望ましいといえます。短期的なものばかりではなく、中期的に推移をみれば、いかに生産性に寄与しているかが把握できると思います。労働の質や売上げへの貢献は、労働生産性の指標に集約されているとみることができます。

　今日の生産性向上は技術や設備・組織の開発力が鍵を握っていると言われます。開発力の強化は知的生産性といわれますが、その担い手は人材です。その面で、人材の育成・活用が生産性向上の決め手になるのではないでしょうか。

12. Q　家族手当の見直しの背景と今後の方向

　女性活躍推進の一環として、家族手当の見直しを検討しています。現在の家族手当は配偶者19,000円、子供一人5,000円となっています。

A　扶養に限定する、子供手当に特化するなど２極化の動き

　家族手当の起源は、戦時中の賃金統制令下、急激な物価上昇への措置として、統制外の賃金として認められ、政府の後押しもあって普及したといわれます（金子良事著「日本の賃金を歴史から考える」旬報社）。それが戦後のインフレ期に成立した電産型賃金体系に引き継がれ、今日に至っています。調査によれば、家族手当の採用率は大手企業で80％（中労委調査）、中小企業を含めても約66％（厚労省調査）となっていて、かなりの普及率です。これは歴史的な経緯もありますが、雇用情勢を受けた１世帯１就業が長い間続いてきたこと、賃金決定への生活給への配慮、も大きな要因であろうと思われます。しかも、支給基準も配偶者、子供といった扶養家族ごとに金額が異なって支給されてきました。一般的に配偶者の金額が高く、子供は低く決められている場合が多いのが実情です。したがって、結果として、配偶者（といっても多くは妻、女性）の労働力化を妨げている一因と捉えられています。また、家族手当は男女格差の要因との根強い批判もあります。家族手当については、90年代の仕事基準賃金である成果主義賃金の導入時にも、仕事の価値と扶養家族数は関係がないという理由で、主として大手企業で廃止する動きもありました。

第4章　実務編Q&A

　ところで家族手当には、他の賃金と違って2つの特徴があります。1つは時間外賃金の基礎給から除外できる点、2つは子供が自立するなどで扶養から離れれば、手当の支給を免れる点です。この機能を残すために、あえて家族手当を温存するケースもあります。

　また扶養順位で支給する方式は、家族手当の機能を残し、かつ従来の支給方式・金額を大きく変更することなく移行できる点で、一部の企業で採用されていますが、同じ扶養家族でも、順位で金額が異なるなど、生活保障の役割を果たす手当という面から、何か中途半端な気がしないでもありません。

　では、今後、家族手当はどのように変質していくのでしょうか。それは家族手当の性格を残しつつ、今日的な社会情勢に合致した方向で修正されていくものと考えられます。家族手当が果たしてきた役割は、決して小さくはないのですが、これまでも、女性に不利な手当との批判があったのも事実です。男女賃金格差の原因として、問題視されたこともあります。このような問題点を解消し、家族手当を見直していく方向としては、扶養という側面と子育て支援の側面から、当面は2極に分れていくように思われます。具体的には、1つは扶養者一人当たり方式、2つは、配偶者を対象から外し、子供手当の支給額を思い切って増やす方式です。前者は扶養という点を重視した支給、後者は少子化対策（子育て支援）を意識したものです。いずれの方式を採るかは労使の政策ですが、現行の家族手当の総額を大きく変えることなく、生活保障という側面と少子化対策（子育て世代の配分重視）の両面からの検討が必要であることに違いはありません。

　家族手当は生活給の一部を形成します。生活給のこれからを

179

議論する中で、家族手当の今後のあり方も決められるべきものです。家族手当だけを問題にするのではなく、生活給の廃止ないしは縮小を議論する中で家族手当の見直しを検討してもらいたいものです。現行賃金の急激な変更を避けるためには、当面は扶養一人当たり方式が望ましいと思います。仮に扶養1人あたりに変更するとして、どのように対応するべきでしょうか。一般的に取られる方式は、現在家族手当として支給されている原資の総額を求め、扶養人数で割って、一人当たりを求め、これを参考に決めます。端数が出ますので、100円単位に整理します。若干の移行原資を必要とする場合もありますが、公平な決め方に移行する必要原資ととらえてください。

　配偶者手当を廃止し子供手当に特化する場合は、配偶者手当の原資総額を扶養対象の子供人数で割って一人当たりの予算を求め子供手当の増額を図るのが一般的です。家族手当の原資を増やさず、配分を変更する方式といえます。

第4章　実務編Q&A

13．Q　人事院標準生計費を賃金分析に利用する場合の留意点

　労使間で賃金の現状分析や最低賃金を議論するときの資料として、人事院の標準生計費を利用しています。しかし、最近、数字が不安定で利用し難くなっています。といって、ほかに生計費のデータは見当たりません。どんな点に留意して人事院標準生計費を利用すればよいでしょうか。

A　人事院標準生計費の性質を理解し、1つの判断目安として利用する

　労働組合にとって賃金とは労働力の再生産費用ですから、生計費の側面が重視されます。企業にとっても従業員の生活保障は賃金管理の重要な要素です。したがって、労使にとって生計費は賃金決定に欠かせない項目であり、データに関する関心が高いといえます。人事院標準生計費は、毎年定期的に発表される唯一の生計費統計であり、労使に最も利用されている生計費資料です。

（1）理論生計費と実態生計費

　生計費には、現に今いくらの費用がかかっているのかという実態生計費と、望ましい一定レベルの生計を営むためにはいくら費用が必要かという理論生計費の2つがあります。実態生計費は現実の収入つまり賃金によって規制された生活費ですから、賃金の現在の問題点を含んだものといえます。したがって、実際の生計費と賃金の分析には意味がありますが、今後の賃金のあり方を検討するには有効な資料とはいえません。理論

181

生計費が必要となります。しかしながら、理論生計費の算出は簡単ではありません。望ましい一定レベルの生活とはどのようなものか、生活模型を描くのが難しく、仮に理論生計費が計算できても現実から乖離するなどし、納得性の面から賃金決定には活用されないのが現実です。

　実態生計費の統計としては総務省統計局の家計調査があります。人事院の標準生計費は、この家計調査の4月分の数字を換算して作成されています。（1人世帯は消費実態調査）

（2）人事院標準生計費の特徴

　人事院標準生計費を有効に利用するには、その内容を正確に理解しておく必要があります。特徴を整理すると、次のようになります。

（ア）理論生計費ではなく、実態生計費であること（1990年、平成2年までは、食料費のみ理論値）

（イ）1人世帯から5人世帯まで、世帯人員別に算出された生計費で、年齢は特定されていないこと。

（ウ）消費支出のみの統計であり、賃金でいえば手取りに相当し、税金、社会保険料などの負担費（非消費支出）は含まれていないこと

（エ）標準生計費の標準とは平均支出額ではなく、それより低額の並数階層（最も数の多い値）の支出額であること、

（オ）生計費カーブはほぼ直線（1990年までは緩やかなS字カーブ）

（カ）毎年4月分の家計調査を下に算定され、8月に発表されること。

第4章　実務編Q&A

人事院の標準生計費は1990年までは食料費はマ・バ方式による理論値で、その他は家計調査の実態値による半理論生計費でした。現在の数字は全て実態値であり、かつての標準生計費とは異なっています。この点を十分理解して活用することが必要です。

ところで生計費は、物価、生活水準、世帯規模（世帯人員）の３つによって決まります。したがって、例えば物価、生活水準が何らかの事情によって変化すれば世帯生計費はそれに応じて動きます。人事院標準生計費は実態生計費調査である家計調査をもとにしている関係から、前年に比較しマイナスとなることもあります。物価が下がれば、生活水準は同じでも生計費は下がります。実態生計費は現実の収入である賃金をベースにしています。物価が下がる以上に生計費が下がる要因は、生活水準への影響があったものと考えられます。

以上のような点を十分理解した上で利用することが必要です。

（3）利用に当たっての留意点

人事院標準生計費を賃金と比較するには２つの加工、修正が必要です。まず１つは、負担費の修正です。人事院標準生計費は消費支出のみの統計ですから、税金、社会保険料などの負担費を加え、実支出に修正する必要があります。これを負担費修正と言います。実支出が税金・社会保険料込みの賃金に該当します。では負担費は今日どのくらいになっているかをみると、2016年（平成26）では消費支出1.00に対する実支出の割合は**図表10**で見るように1.318となっています。そこで、人事院の発表数字に1.318を掛け、負担費修正を行います。これによって、

183

税金・社会保険料込みの生計費に修正されたことになります。

　もう１つの修正は、世帯人員と年齢の関係を政策的に決めることです。これはライフサイクルビジョンに基づくことになります。２人世帯は世帯形成（結婚）年齢、３人世帯、４人世帯はそれぞれ第１子、第２子誕生の前後の年齢を取ります。なお、現在では子供３人の世帯は減ってきていますので、５人世帯は子供が成長した世帯と考えます。世帯ごとの年齢は自社のライフサイクルビジョンで設定します。

　生計費はそのレベルによって、最低生存費、最低生計費、標準生計費、愉楽生計費などに分かれます。賃金との関連で生計費を考える場合、最低生存費では労働力の再生産は不可能ですから、最低生計費（健康にして文化的な生活を営むためのミニマムレベル）、標準生計費（健康と体裁に選択のあるレベル）になります。一般に、最低生計費は標準生計費の８割程度と考えられています。

（４）利用の仕方

　生計費を賃金のどの部分にどのように利用するかですが、最低生計費は年齢別の最低保障賃金の検討に有効です。世帯者であれば最低生計費は上回るのが望ましいといえます。また、標準生計費はモデル賃金のレベルの検討に活用できます。標準生計費は並数つまりありふれた生活レベルであり、標準的に昇給、昇格した者の賃金であるモデル賃金はこのレベルを上回るべきでしょう。ただし、生計費の中には賞与の一部が含まれています。したがって、毎月の賃金で必ずしも生計費レベルを満たす必要はありません。ただし、賞与の全てを含めるわけにはいきません。生活一時金部分に限られます。毎月の賃金と生活

第4章　実務編Q&A

一時金を合わせたベース年収で比較してみてください。(賞与の性格と区分については、第1章第12節59頁参照)

実態生計費をベースとした人事院の生計費は、上でみたように物価や生活水準によって変動しますから、利用に当たっては絶対視するのではなく、1つの目安として利用するのが賢明かと思われます。

図表11　負担費修正（2016年）

14. Q　公的資格保有手当の整理

　職務に関係する公的資格を保有する者に毎月3,000円から6,000円の資格手当を支給しております。積極的に資格を取得させる目的で創設したのですが、異動で職場が変わって、現在の職務と直接関係がなくなった資格にも、手当が支給されております。手当の支給条件を現在の職務に関係する資格に限定しようかと考えておりますが、支給を打ち切られる者が発生します。どのように処理すればいいでしょうか。

A　資格取得奨励の趣旨を生かし、自己啓発援助制度に切り替える

　手当の中にはすでに役割が終了しながら、支給し続けられているものが少なくありません。基本給は社員全員が対象となるだけに、簡単に改定することはできません。一方、手当の対象者は一定の条件を満たす特定の人に限定されます。支給額もそれほど大きくないので、簡単に新設されることが多い。しかし、ひとたび手当ができると、廃止するのは容易ではありません。手当の新設は基本給の改定と同じように、慎重に検討されるべきです。

（1）手当の役割と問題点

　手当は基本給で果たせない役割を果たす賃金です。基本給を充実させれば、手当は少なくてすみます。手当が多くなる理由の一つは、基本給の決め方にあります。基本給は、賃金の2つの原則、労働対価と生活保障を踏まえて要素別に組立てる必要があります。基本給が総合決定給で、どの部分が能力、仕事に

第4章　実務編Q&A

対応し、どの部分が生活に対応するのかはっきりしていないた
め、ちょっとした能力の違い、仕事の違い、生活の違いで手当
をつけることになります。これが手当の多くなる理由です。

　賃金体系はできるだけ理論的かつシンプルに、社員に分かり
やすく組立てる必要があります。大切なことは基本給の決定基
準を明確にし、手当は基本給で果たせない役割に限定すること
です。間違っても、他社にあってわが社にはない、といった理
由で手当を作ってはなりません。手当は少なければ少ないほど
望ましい賃金体系である点を、肝に銘じておきたいものです。

（2）資格手当の整理

　生産、販売、サービスなど企業活動が高度化するに従い、仕
事に必要とする知識、技術、技能が専門化し、それに伴いいろ
いろな資格が生まれています。中には有資格者でなければ従事
できない仕事もありますから、企業にとっても社員に資格取得
を奨励する必要に迫られています。物やサービスに対する消費
者の意識も高まって来ています。企業にとっても、社員にとっ
ても、社会的に価値のある資格はビジネスを有利に進めるため
にも無関心ではいられません。

　ところで資格には、社内資格（技能検定）、公的資格、民間
資格の3つがあります。社内資格は職務遂行能力の高さを表す
職能資格に代表されるように、企業が独自に定める資格です。
特定の技術、技能に技師、師範といった資格をつける例もみら
れます。公的資格は国や自治体などの公的機関が認定するもの
です。それ以外は民間の各種団体の資格といえます。貴社で
は、公的な資格に限定し、手当を支給しているとのことです
が、多分、職務に役立つ資格と認定したからでしょう。

187

さて、保有する資格と関係のない職務に異動した場合、ご指摘のように手当の支給のみが残り、不公平感が発生します。しかし、資格手当の支給条件を現在の職務に関係する資格に限定しても、問題は解決しないでしょう。なぜなら、職種転換を伴う異動を企業が決める以上、努力して取得資格を活用しないのは企業の都合であり、社員の側からみると納得できないでしょう。

　職種による不公平感も残ります。公的資格の多い職種、逆に全くない職種もあり、職種による有利不利がはっきり分かれます。公的資格に限定することによる問題もあります。公的資格にない民間資格、あるいは民間資格でも社会的に認知された価値のある資格、いわゆる難関資格があります。これら資格には手当はつきません。

　こう考えるとやはり、手当てとして支給することに問題があるのではないでしょうか。資格取得奨励が目的なのですから、資格手当は廃止して自己啓発援助制度に切り替えることをお勧めします。特定のものが資格を保有しているから手当の必要性が生じます。全員が資格を取得すれば手当はいらないはずです。自己啓発であれば公的資格のない職種にも民間資格、通信講座に援助ができますから、不公平感は解消できます。異動による問題も生じません。

　なお、社内資格の職能資格に手当は要りません。職能給とは職能資格の高さに応じた賃金のことですから、職能給の中に含まれています。資格が上がる時の昇格昇給が、その役割を果たしています。その職種に必ず必要とする資格なら、資格取得を昇格の条件にする方法もあります。

（3）資格取得援助制度の内容

　資格取得は自己啓発援助制度の一環として、設計してください。資格のみならず、研修、通信講座、推薦図書なども援助の対象とすることができます。資格手当を取得援助に切り替えるとして、どのような援助を行なうべきでしょうか。祝い金、便宜供与、費用負担の３点が援助の検討材料です。

　毎月の手当を支給する変わりに、資格取得時に祝い金（一時金）として支給します。金額は、例えば現在の資格手当の３〜５年分を目安にします。毎月3,000円の資格なら１年では３万６千円ですか、３年では10万８千円、５年分では18万円となります。毎月6,000円の資格では１年で７万２千円ですから、３年で21万６千円、５年で36万円となります。高額に思えますが、３年、５年の前払いとみれば同じことです。むしろこのような支給の方が資格取得へのインパクトが強いといえます。

　勉強のための通学への配慮（時短、残業免除）、受験日の休暇扱いなどの便宜供与、授業料や図書購入費の援助、受験料の負担などの費用負担も必要です。

　職務に必要とする資格にはどのようなものがあるのか、予め等級基準の修得要件（能力開発要覧）に明示しておく必要があります。援助する資格を決めておかなければ、手当のときと同じように不満がでます。全員が取るべき資格は必須資格、取るのが望ましい資格は選択、任意に分けておけば、援助の額を変えることもできます。

なお、切り替えに当たっては差額調整を行ってください。3年分の一時金支給なら、すでに2年分手当支給を受けた人は1年分の一時金といったように調整し、手当を廃止します。ただし、3年以上手当を受けていても上回る部分の返却は求める必要はないでしょう。

図表12　能力開発要覧のフレーム（例示）

項目	必須	選択	任意（推薦）
資格免許			
研　修			
通信講座			
推薦図書			
その他			

＊職種ごとに明示。

第4章　実務編Q＆A

15.　Q　パートと正社員の均衡処遇を図るには

　当社はパートを含めて約450人の小売業ですが、その6割が短時間のパート社員です。これまでパート社員の仕事は定型業務が中心で、勤続期間も比較的短かったのですが、今後は判断業務などの責任ある仕事も予定し、戦力として重視していく方針です。そのため処遇面で正社員との均衡を図る必要性がでてきました。どのような仕組みが必要でしょうか

A　雇用方針を確立し、処遇基準を明示する。共通職務では同一労働同一賃金の仕組みが必要

（1）パート社員と正社員の違い

　パート社員を含むいわゆる非正規社員の雇用は増加しています。今や企業にとってパート社員、契約社員は重要な戦力となってきています。しかしながら、その処遇については、いろいろと問題が多いのも事実です。働き方改革の一環として同一労働同一賃金の実現も課題になりつつあります。そこでなぜ同一労働同一賃金や均衡処遇が問題になるのか、その背景を整理してみましょう。正社員とパート社員（あるいは非正規社員）は、**図表13**のように一般的には、雇用期間、担当職務、労働時間、育成や活用の考え方に大きな違いがあり、これが処遇基準や賃金決定に影響していることは否めません。社員とパートに限って、特に処遇の問題となる賃金の決め方をみると、正社員は新規学卒の相場性の強い初任給をスタートとして賃金が決まるのに対して、パート社員は地域のパート賃金相場で採用される色彩が強い。時給換算で比較すれば明らかなように、そこに

191

は大きな格差が発生しています。仕事に必要な能力が身についていない段階で、すでに賃金格差が発生する決定が行われている点に1つの問題点があるといえるでしょう。人材の育成や活用方針の違いが反映されているとしても、均衡処遇を考える上で無視できないポイントです。もう1つは、パート社員は有期雇用が一般的ですが、最近は更改を繰り返し、長期化するとともに、しかも担当職務が定型業務にとどまらず、判断、企画業務にまで拡大している現実があります。改正労働契約法で、5年契約後に本人の希望で無期雇用への申込みができるようになってきましたので、今後もこの傾向は強まりこそすれ、弱まることはないでしょう。このようにパート社員と正社員の違いが明確でなくなってきたことが、均衡処遇を必要としている背景とみられます。

図表13　パート社員と正社員の比較

項　目	正社員	パート社員
雇用期間	定年（期間なし）	有期（1年単位）
処遇基準	能力基準	職務基準
賃金水準	社内基準	地域相場
担当職務	判断企画業務	定型業務中心
労働時間	フルタイム	パートタイム
人材育成	中長期	短期
人材活用	職種間異動	限定的異動

（2）パート社員の処遇基準

　均衡処遇を前提にパート社員の処遇を考えるには、まず、雇用方針を確立する必要があります。短期の雇用を想定するの

第4章　実務編Q&A

か、長期化を前提とするかによって、育成や活用が違ってきます。雇用の方針が明確にならなければ、処遇のあり方も決定できません。パート社員の雇用期間はある程度長くなるとすれば、処遇基準としての賃金体系や賃金表を明確にしていく必要があるでしょう。また、人材の活用や均衡処遇の一環として、正社員へ転換する道を開くべきであると思われます。さらに、どこで均衡を実現するのか、正社員の人事制度や賃金制度との関連で、明確にするべきであると思われます。わかりやすいのは、両者に共通的な職務において均衡を実現するのが望ましいものと考えます。

　以上は均衡を考慮した考え方ですが、ではパート社員の処遇はどうあるべきでしょうか。

　パート社員を雇用する狙いは企業によって異なりますので、一概にこうあるべきと断定できるものではありませんが、**図表12**のような特徴を前提とすれば、賃金はやはり職務を基準にするのが望ましいのではないかと思われます。そのためには、パート社員の担当する職務の価値で区分した職務等級を設定し、賃金も等級に応じて決定する職務給が望ましいと言えます。仕事の習熟をみつめた昇給があってしかるべきですから、等級ごとの範囲賃金（初号賃金、上限賃金の設定）とし、できれば、賃金表を設定していく必要があります。仕事が基準ですから、年々の習熟昇給よりも担当する仕事のレベルが上がったときに大きく昇給する賃金の決め方に納得性が高いものと思われます。このような賃金決定を運用するからには、評価制度の整備も欠かせません。ただし、正社員のような能力評価よりも、仕事の達成度評価や仕事への取組姿勢を評価する評価制度で十分ではないかと思われます。もちろん、職務のレベルが判

193

断、指導、企画にアップする時には能力の評価は必要になります。パート社員の場合、職務の範囲が明確になっているのですから、短文チェック方式の自己評価などが有効です。是非検討してみてください。

さて、難しいのはどのような処遇が均衡なのかです。育成や活用つまり能力の開発方針や仕事の与え方などが違う以上、同じ仕事をしているといっても簡単に比較できるものではありません。しかし長期期間、同じ仕事をする条件の下においては、同一処遇が望ましいといえます。例えば、判断業務、企画業務ともなれば正社員といえども短期間で異動することは少なくなります。となれば、例えば正社員のある等級の賃金（実際は時給換算になる）とパートの判断職務の賃金で均衡を図ることができます。両者における処遇の基本が異なる以上、全ての面において比較するのではなく、あるポイントにおいて比較するべきではないかと思われます。正社員への転換は、均衡ポイントの等級や職務において可能にすることで、実現に近づけるのではないかと思われます。また、比較的わかりやすいポイントは、正社員の高卒初任給を時給換算し、パート社員の賃金との均衡です。どこかのポイントで、均衡を図るといった政策を持つことが必要です。いずれにしても、パート社員のみならず、正社員の賃金・人事制度を整備し、両者の決め方を明確にした上で、制度的に均衡を図る必要があります。制度があいまいでは、公正、公平な形での均衡を実現することはできないものと考えられます。

第4章　実務編Q&A

16. Q　職能資格の増設に伴う移行格付け・賃金レンジの調整の仕方

　処遇の基準として職能資格制度を導入しています。導入後かなりの時間が経過し、等級ごとの在籍人数にバラツキが目立つようになってきました。特にMクラス（管理・専門職能）直前の等級に滞留する者が多くなり、かつ賃金表の上限に到達する者も多く、昇給がストップし、やる気が低下するケースも目立つようになってきています。そこで、等級を増やして解決する方向で、検討しています。どんな点に留意して移行格付けや賃金を調整すればよいでしょうか。

A　資格等級を増やす狙いを明確にし、職能資格制度の本質を踏まえた設計を優先する。移行は基準を設けて段階的に

（1）職能資格制度の役割と機能

　まず、職能資格制度の役割と機能について確認してみたいと思います。職能資格制度が普及・定着したのは、1980年代です。それまでの処遇は、勤続、学歴、男女で明確に区分された、いわゆる年功基準でした。これらの基準は努力によって変えられない不公平な基準でした。そこで努力によって変えられる公平な基準として登場したのが、能力を基準とする職能資格制度です。すなわち、職能資格制度は①年功・職階に代わる処遇基準、としての役割をもって登場したのですが、もう1つ重要な機能を兼ね備えていました。それは、②キャリア形成プログラムの明示と促進です。端的に表現すれば、能力開発の促進

195

です。学歴や男女などで区分された能力開発や職務経験などを、職能資格制度を軸に個人ベースで行うようにしたのです。処遇基準だけの役割ではない点を忘れてはなりません。②の役割を果たすためには、能力の基準となる等級基準（職種別等級別の職能要件）を具体的に定めることが必要です。5級にはどのような能力が期待されるのか、習熟要件、修得要件として明示する必要があります。習熟要件とは、こんな仕事ができて貰いたい、修得要件とは、こんな知識や技能を身に着けてほしい、を具体化したもの。この基準をもとに能力開発が行われ、評価が行われますから、等級基準（職能要件）は社員一人ひとりが理解できるように明示することが必要です。等級基準が曖昧では能力開発の役割を果たすことができません。このように職能資格制度（等級基準）を軸に評価、育成、処遇が連動して組み立てる必要があります。これを人事のトータルシステムと呼びます。

　ご質問では処遇面から、等級の増設を検討する方針のようですが、等級基準（職能要件）は具体化されているのでしょうか。もし、抽象的な等級定義などで運用されているとすると、評価が甘くなり、昇格が勤続主体の年功運用になりがちです。職能資格制度の役割と機能をもう一度認識し、等級基準を具体化すると同時に、昇格基準を明確化すべきです。また、職能資格制度を処遇決定の人事制度だけから、能力開発に役立つ制度に衣替えすることをお勧めします。

（2）資格等級の増設方法

　職能資格制度の等級を増やすには、①全体の等級を見直す、②特定の等級のみ見直す、の2つの方法があります。職能資格

第4章　実務編Q&A

制度の役割からみて実態に相応しくなってきているのですから、全体の等級を見直す。いわば、制度そのものを作り変えるのが筋ですが、ご質問ではMクラス直前の等級を増設することで、等級ごとの人員バランスを図ると同時に、上限賃金に到達してモチベーションの低下を来している人の救済が狙いのようです。そこで、ここではMクラス直前の等級を増やす場合の方法に絞って考えてみることにします。

　特定の等級を増やすにしても、①1つの等級を分割して2等級にする、②複数の等級を対象に増やす、例えば2つの等級を3つの等級にすることで増やす、などの方法があります。

　質問の趣旨からすると①と思われますので、この例で考えてみたいと思います。

　等級を増やすとして、現在のある等級を分割するだけではなく、等級基準（職能要件）を新たに定める必要があります。等級基準が曖昧では昇格が甘くなるだけではなく、能力の評価ができません。等級の基準を明確にするとして、現在の等級基準をレベルの違いで2つに分けるだけではなく、新たな仕事や知識・技能を付け加えて作成するようにしたい。該当等級の仕事だけではなく、能力の先取りの意味を持たせる意味で、分割した上位の等級には、1つ上の等級の仕事や知識・技能からもいくつかは持ってくるようにしたい。また、最新の知識・技能を付け加えることも可能です。こうすることで、職能資格制度の役割である処遇決定と、もう1つの能力開発の役割を果たすことができます。処遇だけのために等級を増やすのではなく、能力開発を促進するために等級を見直す必要があるとした方が、説得力があり、納得性が高まるのではないでしょうか。

197

（3）移行格付け

　等級を増やす場合、次の課題は、どのような基準で移行する
かです。移行基準はできるだけ客観的なものに限定するべきで
す。移行の基準として考えられるものには、①該当等級の滞留
年数、②過去の能力評価、③対応役職位、④現在担当している
職務のレベル、などが考えられます。客観的で誰もが納得する
のは、①の等級での滞留年数です。ある等級を２つに分割する
として、滞留年数の長さで、例えば８年以上は上位等級、８年
以下は下位等級とするやり方。昇格のための必要年数が設定さ
れていれば、標準年数（モデル年数）の２倍が１つの目安にな
ります。②の過去の評価は信頼できるか否かが問われます。③
の役職位や④の仕事のレベルは、異動配置や職務の与え方に問
題があれば、納得されない基準となります。実際は、①をベー
スにしながらも、②～④を加味して決めることになります。移
行に際し、賃金の高さで格付ける方法が無い訳ではありません
が、賃金の高さで格付けるのは避けるべきです。職能資格制度
は能力による分類制度であり、賃金が高いといって、能力も高
いとは限りません。しかし、賃金の高さを基準に格付けること
で、本人が納得し、等級増設の狙いである、意欲の向上が図れ
るのであれば、労務管理的にはありうる対応だと考えられま
す。ただし、該当等級の等級基準（新たに作成され職能要件）
を満たす努力をすること、能力の評価が厳しくなることを受け
入れることが条件です。

（4）賃金表の修正

　全面的に制度を見直すのであれば、改めて賃金表を作り直
し、旧制度と新制度の比較から移行基準を決めればいいのです

第4章　実務編Q&A

が、部分的に等級を増やす場合は、賃金表の全面的な見直しはできません。特に、この事例のように1つの等級を2分割する場合は、他の等級は現行のままとし、分割する等級の賃金表だけを見直すことで対応せざるを得ません。以前の等級の賃金（初号賃金と上限賃金）を基に、新等級ごとの初号賃金、上限賃金を設定することになります。等級間が重複しないよう旧賃金の中間辺りで範囲（レンジ）を決めます。昇格昇給は2分割し、等級間にセットします。昇格昇給が小さくなりますが、当面はやむを得ないと思います。今後、あるべき金額に時間をかけて増やすようにします。見直さない等級の昇格昇給に比較し、小さくなるのは仕方がないものと受け止めるべきでしょう。むしろ昇格が小さいことで、分割した等級間であまり差がつかなくなり、旧等級の滞留年数で移行したことの納得性が高まります。等級の決定は、移行基準（滞留年数）で決定しますので、初号賃金、上限賃金の範囲（レンジ）に収まらない場合は調整が必要となります。現在の賃金表を使うからには初号以下はあり得ませんが、上限賃金を上回る者が出る可能性があります。その場合、上回る分を調整手当として支給し、3〜5年かけて調整する、とか昇格時に昇格昇給として吸収するなどの方法があります。また、賃金表に号俸制を採用する場合の各人の移行は、原則直近上位方式となります。この点で移行原資が必要となることも考えられます。

　なお、上限賃金に到達してやる気をなくす対策の1つとして、逓減型の昇給制度（上限に近づくにつれて昇給額が小さくする。昇給額は小さくなるが、昇給回数は多くなる）に切り替えて頭打ち感を和らげることも検討してみてください。（逓減型の昇給については第1章第6節25頁参照）

199

第 5 章

随想編（賃金雑感）

この編のテーマおよび文章は、筆者の賃金観を形にしたものです。コンサルタントやセミナー講師として、日々賃金問題と接した感想めいた雑文です。中には個人的な見解も入っていますが、賃金問題を考える上で、参考になることもあろうかと思います。軽い気持ちで読み流してもらいたいと思います。

● 1 賃金の社会性

　バブル崩壊後の長期不況にグローバル化の進展が加わり、賃金決定における人件費側面が強まる一方、反比例して賃金の社会性が薄れつつあります。人件費は賃金決定においては、よく支払い能力として話題にされます。支払い能力は当然企業の生産性や業績に支配されることになりますから、社会性の側面が薄れる一方、企業性が強まることとなります。しかも、生産性や業績といっても、短期的側面が強いから、例えば、春の賃金交渉で最も重視される要素は、今や「企業業績」となっています。（厚労省「賃金引上げ等の実態に関する調査」2015年）。「企業業績」重視が52.6％に対し、「世間相場」は3.6％に過ぎません。このように、賃金は、今や人件費管理の一環として論じられるようになりましたが、果たしてこれで公平な賃金決定ができるのでしょうか。賃金の社会性といっても様々な側面があり、幅広い概念ですが、ここでは毎月の賃金に絞って考えてみます。毎月の賃金は、本来、企業や規模、産業などで異なるのは望ましくありません。社会的な一定のレベルに統一されているべきでしょう。大企業は高く、中小企業は低いでは、人材の偏りが生じ、格差を生じさせるばかりか、社会経済の成長にも有益とはなりません。どの産業、どの企業で働こうとも、賃金レベルに大きな差がなければ、一人ひとりは純粋にやりたい仕事を選択し、能力を発揮することで、社会の発展、経済の成長に寄与することになるのではないでしょうか。毎月の賃金は、すぐれて社会性を帯びたものにするべきであると考えるのは、間違っているのでしょうか。日本には臨時給与、一般にボーナ

第5章　随想編（賃金雑感）

スと呼ばれる賞与・一時金が、4～5ヵ月存在します。年間賃金の約3割を占めます。企業業績が色濃く反映できるのはこちらであって、毎月の賃金ではありません。よく「紙幣には色がついてない」どのような形であれ、賃金が増えれば十分ではないか、と主張する経営者や学者がいます。果たしてそうでしょうか。もし、そうなら逆に、毎月の賃金を上げればいい、ボーナスに拘るのはなぜなのか。人件費管理の側面からみる、月々の賃金は固定費、ボーナスは変動費、ここらあたりに本音がありそうな気がします。月例賃金は一旦引き上げると下げることはできないが、ボーナスなら業績次第で下げることができる。また、月例賃金は時間外手当の負担費に跳ね返るから、これを避けたいのが本音かもしれません。賃金には、労働力の再生産費用、労働力の需給価格、雇用者所得の配分の3つの性格があります。これが考慮されてこそ、公正な賃金決定といえます。業績重視ということは、3番目の分配の側面のみが重視され、しかも個々の労働力に対する配分よりも、総額としての人件費が重んじられている点にあります。日本の賃金は、生活給の側面が考慮されている点に特徴があるといわれます。これは言うまでもなく労働力の再生産費用（生計費）を賃金決定として、重視していることを示しています。公正な賃金決定、少子化が社会問題となる今こそ、賃金の社会性に目を向けるべきではないでしょうか。社会の倫理より金（人件費）、社会性よりも企業性重視の風潮は変えることはできないのでしょうか。

203

● 2 手当は本当に必要か

　手当に関して、よく次のような意見を聞くことがあります。「他社に比べてわが社の△△手当は明かに低い。引き上げるべきだ」「他社には○○手当があるのに、わが社にはない。○○手当を新設すべきだ」このような意見は果たして妥当性があるのでしょうか。結論から言えば、妥当性はありません。手当の本質が理解されていない無知から来る感情論といっていいのではないでしょうか。

　なぜかを説明する前に、手当とは何かを賃金論的に考えてみます。所定内賃金は基本的賃金と付加的賃金の２つに分かれます。基本的賃金とは全社員が対象となる賃金で、付加的賃金とは特定の者が対象となる賃金です。前者が基本給、後者が手当と呼ばれます。したがって、理論的には、全員に支給する手当などは存在しません。そのような手当は、基本給の一部を手当と称している場合が多い。では、基本給と手当では、どちらが重要でしょうか。いうまでもなく基本給が重要であり、手当ではありません。基本給は充実を図らなければなりませんが、手当は簡素化するべきものです。手当は少なければ、少ないほうが良い。手当を増やせば、その分基本給が脆弱なものとなります。手当を増やす、高くすると賃金水準が高くなった印象を持ちますが、それは錯覚です。賃金の高さは所定内賃金で判断するもので、基本給や手当などの項目ではありません。手当の新設、増額は新たな格差を生じさせるだけです。

　ではなぜ、手当が新設され、簡単に増額されるのでしょうか。それには当然理由があります。少ない予算で、いかにも処

第５章　随想編（賃金雑感）

遇改善が図られたような気分になれるからです。また、労使ともに、基本給の改革には慎重ですが、手当の新設、増額には安易な姿勢も見られます。手当が増えた背景には、時代背景もあります。高度成長期の70年（昭和45年）前後、退職金は基本給に勤続年数を乗じて計算する算式が主流でした。基本給を上げると自動的に退職金も増加します。そこで、退職金へのハネ返り防止策として手当を新設し、所定内賃金の引き上げを図りました。第２基本給の性格を持った手当で、当然全員が支給対象になります。名称は何でもよかったのです。

　手当は基本給では果しえない役割を果たす賃金であり、基本給の決定基準を明確にすれば、手当は簡素化できます。基本給との関連で手当が発生するのであって、手当が単独で存在するものではありません。したがって、冒頭の意見のように、手当だけを取り出して比較し、高さを問題にする、他社にあるからわが社にも必要と結論付けるのは妥当とは言えません。

205

● 3　初任給決定の今昔

　4月には多くの企業に新入社員が入社します。初めての給料が初任給です。就職者にとっては、初任給がどの程度かは大きな関心事でしょう。初任給額が手取り賃金ではありません。所得税が源泉徴収されまた社会保険料も徴収される。いわゆる天引きされて、実際受け取るのは初任給より1～2割低い額となります。まず、ここで1つの社会勉強をします。それはさておき、人材確保の手段を新規学卒者の定期採用に依存しているわが国では、いかにして将来有望な学卒者を採用できるかが、企業の将来を決めかねない側面も持っています。4月入社を標準採用、それ以外は中途採用と呼ぶ習慣を見ても、いかに学卒者4月入社を重視しているかがわかります。それだけに初任給の高さが採用戦略に大きく影響します。では初任給はどのように決まって来たのでしょうか。初任給決定にも1つの歴史があります。

　新卒者の採用試験は、1年前の春から夏に実施されます。かつて1960～70年代にかけて、採用を有利に進めるために、採用段階で来年度の初任給を明示しました。これは「見込み初任給」などと呼ばれました。新年度に決まった初任給は、見込初任給と区別するために、あえて「決定初任給」と呼んでいました。ベアが毎年確実に実施される時代においては、人手不足も相まって、毎年確実に初任給は上昇しました。したがって、上のような見込み額を明示しても何の問題もありませんでした。インフレからデフレに経済が転換し、初任給に対する企業の姿勢も落ち着き、近年では、採用試験の時期には現在の初任給を

第5章　随想編（賃金雑感）

明示するのが一般化し、現在では見込み初任給を掲示する企業はなくなりました。ベアが毎年実施されない時代であり、新年度の初任給を前年に示すことができなくなったからです。また、決定初任給が見込み初任給を下回り、社会問題化した苦い経験も影響しています。

　賃金体系や賃金表が今ほど整備されていなかった時代は、初任給に毎年の昇給を積み上げて一人ひとりの賃金を決めていました。昇給積み上げ方式と呼ばれます。このような賃金決定のときには、初任給がその企業の賃金の高さを表わすかのような錯覚を与えました。就職希望者にとって、その企業の賃金水準を判断する手段だったのです。しかし、今日では初任給はあくまで採用時の水準で、必ずしもその後の高さを表わさないことが分ってきました。こうした社会環境の変化の中で、採用時には現在初任給を掲示するのが一般化しました。賃金表を整備することが公正な賃金決定であることが理解されるに従い、初任給も賃金表の中に位置付けられるようになってきました。賃金表のスタートが初任給です。初任給の引き上げもベア（賃金表の改定）に該当します。初任給の引き上げ（改定）はベアの配分で決めるべきなのです。したがって、ベアがあるときには初任給も上がるが、ベアがない時には初任給を上げてはいけません。ベアがない時は据え置きとなります。在籍者との連続性が何よりの重視されなければならないからです。初任給調整手当を付加するような初任給引き上げは、在籍者とのバランスを失する決め方であり、避けねばなりません。

● 4 賃金体系に絶対的成功モデルはない

　賃金体系設計の講義をすると必ず出る質問があります。「成功している事例はあるのか」「運用がうまくいっている事例を教えてほしい」。セミナーなどでの講義は、あくまでマクロの視点、一般論であるから、このような質問をしたがる気持ちはある程度は理解できます。賃金体系の変更で失敗は許されない。そこで、成功事例があれば「真似たい」ということでこの様な質問が出るものと思われます。しかし、他社の制度は参考なるかもしれませんが、そのまま自社に適合するわけではありません。このような質問に対する私の答えは決まっています。人事制度や賃金制度は、その企業が現在抱える問題点を分析し、その解決のみならず、今後予想される環境変化に対応するにはどのような賃金体系が望ましいのか、慎重に検討し結論を出すべきものです。また、その企業の歴史や風土に即して設計するべきものであり、どの企業にも当てはまる制度などは存在しません。他社でうまくいっている制度が自社でうまくいくとは限りません。逆に、他社で失敗した制度であっても自社に適しているかもしれません。賃金体系の変更に当たって担当者に求められるのは、上で述べたように環境という変化における現行制度の課題分析力と対応力です。目先の変化や当面の課題だけを解決する手段としての賃金体系変更、いわば対処療法的な解決策では、早晩メッキが剥げ元に戻りかねません。賃金体系や人事制度の改変に携わるからには、日本的な賃金体系や人事制度の基礎知識の習得が欠かせません。いくら環境が変化しようとも、日本の賃金や人事には必ず踏まえておかなければなら

第 5 章　随想編（賃金雑感）

ない理念があります。多くの企業は職種・職務を指定せず社員として採用し、企業内で人材の育成を実現します。世界から見れば、特殊な能力基準（人間基準）の制度であり、人材の育成やキャリア形成を阻害するような制度は長続きしません。端的に言えば、「異動」がキーワードとなります。異動の制限や、異動した者が不利な取り扱いを被る制度は避けるべきです。これらは、雇用の安定があってこそ実現可能な慣行です。十分な検討もなく、性急に賃金体系の変更を図るのはできるだけ避けたい。ところで、制度は理論的に設計する必要があるが、成功するか否かの鍵は、運用にかかっています。どんなに理論的で、優れた制度であっても、運用に魂が入っていなければ。うまくいくはずがありません。運用の鍵を握っているのは評価です。賃金体系の変更と同時に人事考課制度についても、公平性、納得性、透明性の条件を実現する取り組みが求められます。

209

5 賃金意識を変える

　企業の賃金制度改善を指導するときに、大きな障害となるのが、賃金は“毎年上がるもの”といった労使の意識です。このような賃金意識は何時ごろ、何故できたのでしょうか。2つの理由が考えられます。1つは、勤続が賃金決定の重要な要素であったこと。もう1つは、経済の持続的成長の中で、ベアが毎年継続的に実施されてきたこと、です。勤続は1年経てば、確実に1年上昇します。勤続が賃金決定として有効でかつ公平な基準となるのは、勤続が確実に能力（習熟価値）を高める裏づけがあるときです。IT社会にあっては勤続が確実に能力を高めるとはいえないから、今日、勤続は公平な賃金決定基準とはなり得ません。勤続は能力の代替要素です。一人ひとりの能力をみつめた賃金決定が本来の姿です。経済が成長しているインフレ期は、ベアがあってしかるべきです。しかし、経済成長が止まり、デフレ期の現在、毎年ベアを実施する理由は乏しい。賃金決定基準である能力の伸長がなければ、賃金は頭打ちとなります。しかし、賃金は毎年上がるという意識の労使のもとでは、これを実現するのは至難です。賃金制度の改革は、賃金意識の改革から始まります。賃金は労働または労働力の対価ですから、いくら上げるかではなく、いくらにするが賃金決定の要諦です。賃金意識を変えるには、賃金制度、賃金表を整備し、ベアと昇給（定昇）をはっきり区別した賃金管理を行う必要があります。

第5章　随想編(賃金雑感)

💭 6　賃金の支払い形態について

　賃金の形態、正確には支払い形態には、時給、日給、週給、月給、年俸など、いくつかの形態があります。なぜこのような形態があり、どのように決まるのでしょうか。一言でいえば、仕事の与え方や期待する達成度によると考えられます。仕事が1日単位で終了するならば、日給が相応しい。時間単位なら、当然、時給となります。月単位、年単位なら、それぞれ月給、年俸となります。日本では圧倒的に月給制を採ることが多い。厚労省の「就労条件総合調査」では、殆どが月給制（94％）となっています。もちろん、雇用形態によって支払い形態が異なる企業もありますから、社員全員が月給制とは限りませんが、主たる労働者の賃金支払い形態は月給制が実態です。それはなぜなのでしょうか。戦中の賃金統制令やそれを引き継いだ戦後の生活給からスタートした賃金決定にあると考えられます。生活の単位は月です。日常的な生活習慣を見ても、家賃、運賃（定期券）、会費など利用料は月単位となっています。生活の単位に合わせ月単位の賃金支払いが定着しました。しかし、厳密に月単位で決める月給制ばかりとは言えないケースもあります。月給といいながら、欠勤控除を、毎月の就労日数で除して行う場合、果たして月給といえるのでしょうか。日給と同じではないでしょうか。日給で決めて月単位で支払うのは、月給制とは言えません。欠勤控除のないものを完全月給制、欠勤控除のあるものを日給月給制として区別する場合もあります。日給月給の場合にも、あくまでも日給が基本で欠勤控除も日給の時間換算で行うケースと、控除は別ルール（例えば、1日の欠勤

211

であっても30分の１）によるものがあります。前者は日給制であって月給とは言えません。後者は、日給を基本としながらも月給の要素を取り入れているといえます。月１回賃金を支払うことと、月単位で賃金を決めることは全く違う概念です。月１回の支払いは労働基準法の定める毎月払いの原則に則ったものであり、賃金決定の単位ではありません。月給制というからには賃金決定の単位が月でなければおかしい。日給制では、就労日によって毎月の賃金は変動しますから、生活面では不安定となります。月給においては、逆に安定的となります。こう考えると、月給制は生活給思想が前提にあるように想われます。ノーワークノーペイを原則とするなら、賃金の支払い形態に月給はあり得ません。なぜなら、月単位の労働日数（あるいは労働時間）は、月によって異なるからです。大の月、小の月によっても異なるし、国民の祝日のある月とない月でも異なります。月給では月によって就労日数が異なるにも拘わらず、月の賃金は同一となります。今日では、労働時間は年間管理が一般的となっています。月単位で労働日・労働時間を管理したのでは、あまりにも月単位の差が大きすぎ、生産活動にも支障を来すからでしょう。最近、同一労働同一賃金の議論が行われていますが、生活給の要素がある限り、実現は容易ではありません。同一労働同一賃金を目指すからには生活給からの脱皮、月給制からの離脱が必要なのかもしれません。時間単位の賃金、即ち賃率概念のないわが国位おいては、実現はかなり難しいでしょう。

　賃金の支払い形態は、身分制の象徴であった時代があります。職員・工員の身分区分があった戦前は、職員は月給、工員は日給が相場でした。

212

第5章 随想編(賃金雑感)

● 7 賃金は人材への投資

　春の賃金交渉では、もっぱら支払い能力論すなわち人件費コスト論が議論の対象で、人材への投資の側面が弱かった。しかし、ここにきて支払い能力論が交渉の重要事項であるとしても、人材投資の側面を感じられる動きが生じてきています。ベアを行うにしても、若年層中心の賃金引き上げで行きたいとか、働き盛りの中間層の引き上げに重点を置きたいとか、子育て世代の賃金の充実を図りたい、といった会社側（人事担当者）の意向が交渉の場で主張されることが多く出ています。このような動きは近年、より一層強まっているように感じられます。例えば、「好業績のため積極的に人材に投資し従業員に還元したい」とか、「物価の影響は、例えば子育て世代など、年齢やライフスタイルによって濃淡があります。ベアの配分を子育て世代に手厚くする考え」とか、「6歳までの子供を持つ社員への『子育て支援手当』新設」とか、「若手や子育て世代に重点的に配分したい」とか、「ベアは若手の有能な人材を引き付ける吸引力になります。初任給を1万円引き上げる」などです。もちろん好業績が背景にあり、史上最高の業績を計上している企業も少なくありません。このような状況の下で、ベアゼロでは安定的な労使関係の悪化を招きかねません。もちろん国内産業中心の中小企業は業績が悪化している企業も多い。とは言いながら、ベアを実施するからには、有効な配分が必要です。上にみたようなベア配分は、中だるみの是正と賃金カーブ修正への動きです。わが国の賃金カーブの特徴である年齢に対し後立ちのカーブは、先立に修正が必要です。なぜなら、時代

213

の流れの中で、生計費カーブも技能習熟カーブも先立ちに変化しているからです。また、高齢者雇用促進の障害ともなっています。職場の公平感からみても、賃金カーブの修正は喫緊の課題です。では、カーブの修正はどのように行うべきなのか。基本的には、賃金体系や賃金表の変更で実施すべきであるが、相当の原資を必要とします。そこで考えられるのは、ベアの配分による段階的修正です。何がしかのベアが実施されるときに配分によって修正するのが賢明な取り組みではないかと考えられます。若年労働力の減少による人材確保策からも、賃金は人材への投資、の側面が今後とも強まるものと思われます。

第5章　随想編（賃金雑感）

● 8　日本の人事を一字で表すと

　年末恒例イベントで、この1年の特徴を一字で表す漢字が話題になります。新聞やテレビが報ずるこのニュースを聞きながら、職業柄、ふと頭をよぎったことがあります。日本の人事を一字で表すとどんな漢字が当てはまるのだろうか。いろいろ思案をめぐらせてみました。候補は2つあるような気がします。それは、「定」と「内」です。定のつく人事用語は、定期採用、定期異動、定期昇給、定年（停年）制などがあります。内のつく用語は、企業内人材育成、企業内（別）労働組合、内部昇進制、内部労働市場などがあります。さてどちらが代表する漢字になるでしょうか。甲乙つけがたい気がします。そもそも、定のつく制度も、内のつく制度も相互に関連しており、独立して成立しているわけではありません。諸外国の人事制度は、ほぼ仕事基準であり、採用も日本のように新卒を一括採用する習慣はありません。欠員があると補充する日本的に言えば中途採用が通常です。仕事を指定して採用しているから異動はありません。仕事が変われば昇給するが、同じ仕事をやっているのに定期的に昇給することはありません。定年制もありません。職業からの引退は年金の支給開始年齢を考え自分で判断します。能力開発（人材育成）は自己責任で、原則企業が育成することは少ない。労働組合は産業別組合であり、企業ごとに労働組合は組織されません。人材は社内で育成・活用されるシステムで、外部からスカウトするのは稀です。定や内のつく制度はいずれも日本的な制度であり、外国の人事制度との違いで、あえて特徴を表わす漢字を選べというなら、内であろうか。人事制度そ

215

のものの特徴なら、やはり、定かなという気もします。

9　社員区分の多様化と処遇

　雇用の多様化は、しばしば正社員と非正社員（パート、契約社員など）として語られます。政府の働き方改革は雇用の多様化によって生じている処遇の格差解消を狙ったものといえます。雇用の多様化といっても、現在では社員（正規）とそれ以外（一般に非正規社員）を指すと考えられがちです。ところで、最近、正社員そのものをいくつかに区分する動きもみられます。これまでは、社員として一括りにしていた区分を、転勤の有無、事業所限定、職務指定などによって、社員を区分する動きです。

　流通大手企業のA社が導入予定のL区分（ローカル）は、転勤の範囲を自宅から通勤可能範囲に限定したものであります。また、電機大手のB社は家電部門の国内工場で「地域限定社員」の採用を始めるといいます。これらの事例は、若年労働力不足に対応した採用戦略として打ち出されたものですが、転勤が必須条件では「地元志向の強い優秀な人材を採用できない」、「必要な人員数が確保できない」などが背景にあります。

　多くの企業では、勤務地や職務・職種が無限定であることが正社員の条件とされてきました。上に見た採用形態は、労働力不足が深刻化する今後、多くの企業に広まっていくことは必至です。1986年の雇用機会均等法施行を機に多くの企業で採用された総合職、一般職は転勤の有無と担当する職務レベルの違いで区分されました。中でも特に強調されたのは転勤の有無です。転勤が可能か否かで区分しました。転勤の可能性のない社員には、職務は単純定型業務など補助業務に限定します。した

がって、賃金も役職も一定レベルで頭打ちとしました。これらの区分は、明らかに男女区分の隠れ蓑としての性格を持つ区分で、男女差別の恐れが強い。そもそも転勤はなぜ必要なのかといえば、キャリア形成の一環でしょう。学卒者を定期的に採用し、社内で将来の必要な人材を育成する日本の人事制度においては、転勤・異動などのキャリア形成も人材育成の一環として行われてきました。将来の必要とする人材を育てるといっても、必ずしも全員が転勤の経験を必要としていません。現に、生涯1度も転勤を経験したことのない社員も在籍している反面、短期間で転勤・異動を繰り返す社員もいます。転勤はキャリア形成上必要であったとしても、本人の意思を尊重し、計画的に行われていないのが実態ではないでしょうか。となれば、人手不足が深刻となる今後の転勤・異動政策にも計画性や効率性が検討される必要があるのではないでしょうか。

　これまで、社員の転勤や異動については、企業ができるだけ幅広く裁量権を確保したがために神秘性を持たせてきたのではないか、という気がします。これからの異動・転勤などのキャリア形成は自己申告制度、社内公募制度、ジョブチャレンジ制度などによって、個人がキャリアの希望を実現できる仕組みを整備する必要があります。配置やキャリア形成は、会社指令型から、個人の意思尊重型に転換していく必要があるのではないでしょうか。社員区分制度はキャリア形成の仕組みをあらかじめ明らかにする点で、いろいろ問題も生まれてきます。特に議論が起こる可能性が強いのは処遇（賃金差）です。多くの企業の賃金制度は転勤可能の総合職を念頭に置いて設計されています。区分の違いを賃金でどのような格差を形成するかが問われます。能力の違いは労働力対価の職能給（職能資格制度）で実

第5章　随想編（賃金雑感）

現するとしても、格差は労働対価（すなわち仕事の違い）で実現するしかありません。労働の違いは①辛さ・貢献度、②職務価値、③役割・キャリアの3つの違いに分けられます。辛さや貢献度に違いがあるなら、業績賞与による格差展開になります。なぜなら、辛さや貢献度はその時々で変化しますから、業績賞与で違いを出すのが適しています。仕事の価値が明らかに違うなら、職務手当による格差となります。担当する役割（その役割を遂行するには一定のキャリアが必要される）に違いがあるなら、役割の重さによる格差、すなわち役割給（キャリア給）となります。どの項目で賃金差を付けるかは、何によって社員区分の違いを出すかにかかっています。少なくとも、転勤の可能性の有無といった曖昧で納得性のない基準で、賃金に差をつけることはできません。結局、今後の賃金体系（基本給）は、職能給プラス労働対価給（仕事給）が中心となるのではないでしょうか。

● 10 人口減社会の採用事情

　雑誌の新年号ではその年の予測記事が恒例となっています。予測には楽観的な明るい予測もあれば、当然、悲観的なものもあります。予測であるから時間が経って振り返ると、当たっているものも外れているものもあります。景気動向などの予測は難しい。経済予測は難しいが、そんな中、確実に将来が予測できるものがある。それは「人口」統計です。ある年に生まれた人口は、10年後、20年後でもほぼ同じ数字となります。病気や事故による減少はあっても、まず増えることはありません（増えるのは移民政策による場合のみ）。

　日本は2011年以降、人口減少社会に入りました。いわゆる少子化の進展です。その原因は、出生率（正確には女性が一生に産む子供の数、合計特殊出生率）の低下にあります。最近の出生率は1.4程度です。人口維持には2.1が必要とされます。今の状態が今後も続けば、単純に考えて、数字からみれば将来人口が３割減少します。そうなった場合、経済社会に与える衝撃は想像以上のものになるでしょう。人口減少は労働力の（当然、消費者も）減少を意味します。

　例えば、採用について考えてみましょう。2025年には労働力の対象となる15〜65歳の生産労働人口は約１割減少します。特に新卒者は大幅に少なくなります。これまでのような採用戦略では、必要な人材の採用ができないかもしれません。誤解を恐れず端的に言えば、企業が就職希望者を選別する時代から、就職希望者が企業を選ぶ時代が来るような気がします。労働条件も初任給のみならず、採用後の処遇（賃金のみならずキャリア

220

第5章　随想編（賃金雑感）

形成等）や労働時間・休日・休暇等を含めた処遇全般の情報開
示が求められるのではないでしょうか。

　将来の若年労働者の関心は、賃金処遇よりも労働時間・休
日・休暇に移るように思われます。となれば、制度・規程より
も、実際の姿が求められるようになると思います。定時で帰れ
るのか、残業はどのくらいあるのか、有給休暇は果たして完全
に取得できるのか、など求人時点で実情を情報開示しなければ
ならなくなります。長時間労働が当たり前の企業では採用でき
なくなる可能性が強い。当然、人事管理のあり方も一変するで
しょう。企業主体の制度や運用は受け入れられなくなるのでは
ないでしょうか。辞令一本で転勤・異動を命ずるとか、残業・
休日出勤を要請することは出来なくなると思われます。

221

● 11 評価制度の納得性

どのような人事・賃金制度でも、評価制度に無縁な制度はありません。評価制度が整備されていなくても、例えば、役職者を登用する、異動者を決めるときには、間接的に評価が加えられています。A君、B君のうちどちらを課長にするか、C君、D君のどちらを異動させるか、選抜する場合でも、時の担当者が評価しているのです。評価は処遇だけの問題ではありません。

彼は仕事ができるとか、ミスがないとかは、上司が評価しているのです。いたるところで評価が行われています。評価は、公平性、納得性、透明性が3要件といわれます。近年、この3要件の重要性が高まってきています。3要件の中でも、納得性が特に重要です。

人事・賃金制度の改革が進む一方、働く側の価値観の多様化も起きています。納得性が達成できない評価は処遇にむすびつけることはできません。ところが、一方的に上司が評価し、評価結果は本人には公開しない。部下が納得しているかどうか関係なく処遇にむすびつける。つまり、処遇には明らかに差がついてくる。これではどんな人事・賃金制度を導入しても運用で躓くのは目に見えています。ところが、人事制度や賃金制度など制度の改革には熱心な一方、鍵を握る評価制度の運用には、特に納得性の実現には、さほどエネルギーを費やさない企業が多い。なぜでしょうか？人が人を評価する以上、公平な評価などはできるわけがない、と始めからあきらめている節があります。多少の誤りは仕方が無い。寛大化傾向になるのは人情として理解できる。部下を厳しく評価するのは勇気がいる。差をつ

第5章　随想編（賃金雑感）

けるのを嫌う管理職が多い。等々、言い訳を上げれば、枚挙に
遑がないくらいです。これでは、せっかく人事制や賃金制度を
時代に即して改革しても、定着は難しい。

　人が人を評価するといっても、人間の価値を評価するわけで
はありません。人間の価値などは評価できる訳がありません。
企業組織が行う評価は、上司が部下の仕事や能力を評価するの
です。したがって、部下にどんな仕事をどれだけ期待するの
か、どんな能力を身につけてほしいのか、具体的に上司と部下
が共有しなければ、評価は成立しません。確認する場が目標面
接であり、評価結果を本人に説明し、納得させる場が育成面接
（フィードバック）です。今日の評価制度の成否は面接が握っ
ているといっても過言ではありません。では、管理職は面接に
どの程度時間を割いているのでしょうか。ある企業の考課者訓
練で、面接時間を①15分以内、②15〜30分未満、③30〜60分未
満、④60分以上（1時間以上）に区分し聞いてみました。一番
多かったのは、15分以内でした。1時間以上は、わずか1名で
した。果たしてこの程度の時間で目標面接、育成面接ができる
ものでしょうか。1企業のしかも40人程度の研修の結果であ
り、多くの企業の管理職が面接を15分程度で済ましているとは
言えませんが、現場の実態を垣間見て、愕然としたものです。
評価の納得性を実現するのは至難だと考えた。望ましい面接時
間はどの程度か尋ねられた時、私は「最低30分、望ましくは1
時間以上」と答えることにしています。部下の成長を期待し、
具体的な目標とその達成手段について話すには、この程度の時
間が必要と思うのですが…。30分程度の時間をかけることで部
下は、「自分の仕事や能力について、上司はいろいろと考えて
くれている」と受け取るのです。短時間で済ませれば、どんな

223

に中身が濃い面接であっても、上司に対する信頼感が生まれないと思います。

第5章　随想編（賃金雑感）

● 12　職能資格制度は年功制度か

　成果主義人事礼賛者から目の敵にされているのが、能力主義人事としての職能資格制度。職能資格制度は年功人事に過ぎない。こんな制度を維持していては、人件費が高騰する、グローバル競争に勝てない。職能資格制度を廃止し、仕事（職務）基準の成果主義人事制度に切り替えるべきだ。その舌鋒は鋭い。人件費の増加に頭を痛める経営者にとっては、天の声とも思えます。そこで登場するのが、横文字コンサルタント会社。あっという間に、仕事基準の成果主義人事制度を設計してしまう。そこには、日本の風土になじむか、人材の育成や活用に支障はないか、社員の公平感に合致するか、異動に差し障りはないか、良好な労使関係を壊さないか、等々の視点はありません。唯々、職能資格制度憎しです。しかし、導入して数年を経ずして、「しまった」となるケースが多い。優秀な人材が辞めだした、労使関係がギクシャクしだした、職場の協調関係が失われた、人事異動がやりにくくなった、モラールダウンが目立つ、などの現象が現れます。もちろん、導入した企業の全てではないが、多くの事例に共通的にみられる現象です。一将（人件費）功成りて万骨枯る、であります。人件費削減の陰には、多くの犠牲者がいるのですが、後の祭りとなります。

　年功に対しては誤解が多い。人間の成長を促す年功主義は肯定さるべきです。排除されなければならないのは、勤続、学歴、性別、身分といった、努力によって変えられない、それこそ仕事や能力と無関係な属人的な要素で展開される昇進・昇格や賃金決定です。人件費の合理性が達成されても、人材の育成

225

が損なわれては、何の価値もありません。成果主義賃金を導入した会社が異口同音に唱える課題が、人材の育成です。つまり、人件費の合理性を追求するあまり、企業にとって最も重要な人材の育成を蔑ろにしていたことに気づかされる訳です。

職能資格制度は年功に代わる処遇基準としての役割も担うが、それよりも、勤続、学歴、性別、身分で一律に社員の成長をとらえてきたダーティな基準から脱して、一人ひとりの職務遂行能力の開発、すなわち人材育成のラダー（梯子）として設計されるべきものです。社員の能力が開発・促進されることは喜ばれるべき現象です。何を誤解したのか、これを年功ととらえ、批判する。検討違いも甚だしい。職能資格制度がその機能を果たすためには、等級基準（職能要件書）の作成が不可欠の条件となります。等級基準は評価、育成の基準ともなるから、職務調査を実施して、具体的に明示しなければなりません。これを抽象的な定義などでお茶を濁しているケースが多い。これでは職能資格制度本来のねらいは実現できません。基準づくりを手抜きして、職能資格制度は年功制度だと批判するのは見当違いと言わざるを得ません。

第 5 章　随想編（賃金雑感）

● 13　年功に対する誤解

　年功は日本の人事をダメにする、という声があります。人事
の専門家と称する学者やコンサルタントで、声高に主張するも
のが多い。果たしてそうでしょうか。年功をあまりにも悪者扱
いをする風潮に、天邪鬼な私などは、年功を擁護したくなりま
す。年功のどこが悪いのか。そもそも、年功とは具体的には何
を指すのか。具体的に明らかにせず、年功を否定する意見があ
まりにも多い。年功とは果たして何なのか。年齢？勤続？学
歴？それとも…？具体的に何を指すのか明確にせず、年功はけ
しからん、年功は時代遅れ、年功は不公平人事、など年功を悪
者扱いするのは、論理的ではありません。そんなことは言わず
もがな、とでも思っているのでしょうか。とんでもない。話し
てみればはっきりしますが、人事担当者、労組の役員であって
も、年功についての理解はさまざまです。

　年功とは年月の功績を意味します。手元の辞書では「多年の
功績。長年の熟練」とあります。5 年経てば 5 年、10 年たてば
10 年分成長する、というのが年功の考え方です。多年の経験は
値打ちがある、これを格言で「亀の甲より年の功」といいま
す。人間の成長を重視するのが年功主義です。

　年功を否定する意見を詳細にみると、賃金体系の基本給に年
齢給がある、定昇制度があり毎年なにがしかの昇給がある、賃
金レンジが広い、昇進が高齢者に有利等々、です。果たして、
これらは年功といえるのでしょうか。そもそも年齢給を年功給
というのは誤りです。年齢給は生活給であって年功給ではあり
ません。勤続給は年功給ですが、年齢別生計費を保障する役割

227

を担った年齢給は年功給ではありません。転職すれば勤続はゼロになりますが、年齢は変わりません。

　成長を勤続で一律に捉える年功はダーティであり、これに学歴、男女、身分を加えた年功はもっとダーティです。努力しても変えられない要素で処遇を決めるのは差別につながります。勤続だけで昇進をはかる年功人事や勤続年数に学歴、性別を加えた年功賃金は否定されるべきですが、人間の成長を促す年功主義は肯定されるべきです。これらを区別せず、年功を排除しようとする意見はマユツバモノといえるのではないでしょうか。

第5章　随想編（賃金雑感）

● 14　人手不足時代の人事戦略

　1人の求職に何人の求人があるかを示す有効求人倍率は、1.00で求職と求人が一致します。今日、第1次オイルショックやバブル期を上回る高水準（1.5）が続いています。この数字はパートを含むもので、正社員に限れば、求人と求職がほぼ一致します。求人側はパート社員などの雇用を求め、求職側は正社員を希望しながら実現しない実態を表しています。有効求人倍率だけでは、労働市場の変化を正確には把握できません。しかし、ではなぜ有効求人倍率が高まったのでしょうか。職探しをする人が減っていることが主因で、人手不足が鮮明になって来たからと考えられています。求人倍率は、景気動向によって大きく変動します。端的に言えば、景気がいいときは求人が増え、悪いときは求人が減るから、有効求人倍率は景気の良し悪しを判断する指標でもあります。では、現在の1.5倍という倍率は景気の状況を表しているのかと言えば、景気動向とは無関係のようです。なぜなら、日本経済の6割を占める個人消費は依然として回復していません。必ずしも景気がいいとは言えません。高水準の有効求人倍率の主因は、明らかに人手不足にあります。特に、若年労働力の不足が顕著です。2016年出生した子供の数は97万人と100万を下回っています。人口構成からいって、長期に若年労働力不足が続くことが展望できます。新規学卒者を定期的に採用し、企業の中で人材育成を図る日本的な人事は今、転換を迫られていることは間違いありません。では、このような労働市場を背景とした人事はどうあるべきでしょうか。これまでの採用重視から定着促進への政策転換が求

229

められるのではないでしょうか。例えば、勤務地、労働時間、職務・職種が無限定であることが社員の条件でありました。社員である限り転勤は拒否できない、部門間異動もしかりです。残業や休日出勤も企業の指揮命令下に置かれます。これらは今後ともすると人材の流出につながりかねないリスクを伴います。転勤を命ずると、退職する者が続出しているなどの例は、枚挙にいとまがありません。しかも、どちらかといえば、優秀な社員にこの傾向がみられるという声を聴きます。企業が転勤命令の権限を持ち、自由に人を動かせる人事制度は終わりに近づいているのかもしれません。採用にしても、総合職、一般職といった転勤の有無による区分では対応できなくなってきています。例えば、地元志向の強い学生の意識変化を無視できなくなって来ています。優秀な人材の採用のためには、転勤しない社員区分の人事制度を検討する必要に迫られています。人手不足が採用に及ぼす影響を無視できないばかりか、人事制度のあり方や転勤政策にも何らかの転換を迫ってきているといえます。さらに、労働条件として賃金の高さのみならず、残業の有無など労働時間・休日・休暇にも関心を持つ傾向が強くなっています。このように、働く者の価値観にも大きな変化がみられます。企業経営を取り巻く環境変化の中で、求める人材も変わりつつあります。新しい時代環境にどう対応していくか、人事担当者の悩みは尽きません。これまで慣行的に、当たり前としてやってきた人事管理や人事制度の見直しが求められるのではないでしょうか。しかし変化は、悪いことばかりではありません、脱皮するチャンスでもあります。

第5章　随想編(賃金雑感)

● 15　基礎研究（知識）の重要性

　2016年のノーベル医学生理学賞は大隅良典東京工業大学栄養教授に決まりました。「オートファジー（自食作用）の仕組みの発見」が受賞の理由。日本のノーベル賞受賞は25人目。医学生理学賞は4人目の受賞となります。受賞後に喜びとともに語られた談話が印象的です。「人がやらないことをやろうという興味から、酵母の液胞の研究を始めた。必ずがん細胞につながるとか、寿命の問題につながると確信していたわけではない。基礎科学の重要性を強調したい」と語っています。その後の同大キャンパスで行われた講演会では、研究者や学生を対象に「日本のノーベル賞受賞者が毎年出ていることで浮かれている状態ではない」と、短期間に研究成果を求める日本の現状に警鐘を鳴らすとともに、若者に向けて「自分が持った興味、疑問を大切に。人と違うことを恐れないで」と話されたと報じられています（朝日新聞10.8）。ノーベル賞受賞はおめでたい事には違いがないが、やはり、長年の研究成果が結実した結果であり、その背景にある努力や苦労を忘れてはなりません。何事にも言えることですが、基礎研究あるいは基礎知識の重要性を改めて感じた受賞でした。これらの談話は日本の研究機関の現状に対する意見ですが、企業の人事政策の在り方にも相通じるのではないか、と思われます。特に、人材の育成や活用に、先の談話の指摘している問題点は当てはまるのではないでしょうか。採用して仕事に関する基礎知識や職業人としての基本的な心構えの教育に時間をかけず、短期間で戦力化を図る。そこには人材育成という理念はありません。ただひたすら、馬車馬の

ように働き、成果だけを追い求めさせる人材活用策です。今日の65歳雇用を前提とすると、雇用期間は40年超に及ぶ。組織の中で各人の個性や長所を長期間どのように仕事に生かすかは、人事管理の重要なテーマです。成果を求めるにしても、しっかりとした基礎知識や心構えを身に付けた後でも十分ではないでしょうか。それが高品質で、かつ生産性の高い働き方を生むのではないかと思います。多方面に興味を抱かせ、常に問題意識を持ち、失敗を恐れず挑戦的に取り組む姿勢こそを大事にしたい。人事管理の理念は、個を尊重する加点主義人事でなければなりません。最近は成果の追及のみが強調され、かつ短期の成果を求めるから、じっくり腰を落ち着かせて物事に取り組む余裕がない。目先の目に見える成果ばかりを追求し、本質的な中長期的な成果を求める雰囲気にはない。果たして、こんなことで先々何も期待できない事態にならないか心配です。しかも、体制の流れに身を置き、皆と同じことを黙々とやり遂げる姿勢を高く評価しがちとなります。これでは、新しい商品や技術やサービスは生まれません。人と違うことを恐れない、同じ事はやらない、同じ事をやるのは恥ずかしいと思う風土の中から本当の成果が生まれるのではないでしょうか。育成なき成果追求型では、つい皆と同じ方向を向くことで、安心感を得ようとしがちになります。一種の逃避であるが、そのほうが苦しまなくて済みます。人がやらないこと等新しいテーマに取り組めば失敗のリスクもあります。初めから、リスクを回避しようとすれば、チャレンジを避けることです。これでは賞に値する成果は期待できないのではないでしょうか。

　人事政策担当者は、次世代を支える若者に、基礎知識の重要性を強調し、成果を求める前に、失敗を恐れず、新しいことに

第5章　随想編（賃金雑感）

挑戦する人材の育成に取り組んでほしいものです。

あとがき

　本書をお読みいただき、ありがとうございました。賃金問題の理解が深まりましたでしょうか。まったく私的なことですが、今考えると、私の賃金問題との関わりは偶然と幸運から始まったといえます。賃金関係の専門誌の編集に携わったこと。金子美雄、孫田良平、楠田丘の3人が設立した日本賃金研究センターの事務局を担当したことです。日本賃金研究センター設立の3先生は当代の賃金専門家であり、その側で仕事ができたことは、まさに幸運以外の何物でもない。これ以上ないという環境と良き師に恵まれ、賃金問題の重要性と奥深さを実感できました。特に楠田丘先生には、賃金決定の理論と実践の両面で教えを受けました。そこで得た経験は筆舌に尽くしがたく、感謝以外の何物でもありませんが、賃金問題は社会と人の問題であるというのが私なりに理解した結論でした。端的に言えば、労使関係と人間の問題であると感じました。それ故、歴史を学ぶ必要があると悟り、ある時期、内外の賃金決定の歴史に関係する書籍や歴史書を集中的に読みました。懐かしい思い出と同時に、賃金論の本質と人間理解を学ぶことができ、今日につながっていると自負しています。したがって、私の賃金論は労使関係重視と人間尊重（個の尊重）を基本とします。これは楠田理論と称される楠田丘先生が唱えた能力主義人事・賃金の本質でもあります。本書を貫く基本理念であることは、本書を通読した皆さんには理解して頂けるのではないかと思います。

　本書の構想はかなり前のことになりますが、筆者の怠慢から延び延びになり、経営書院や日本賃金研究センターの皆さんに

はご迷惑をおかけしました。辛抱強く本書の完成を実現してくださった皆さんに感謝いたします。

　2018年6月　　　　　　　　　　　　　武内崇夫

〈著者略歴〉

　1942年東京生まれ。横浜国大卒。産業労働調査所（現産労総合研究所）「賃金実務」編集長、日本賃金研究センター事務局長を経て、同センター主任アドバイザー．技術顧問。楠田丘（元日本賃金研究センター代表幹事）に師事し、能力主義賃金・人事の理論を学ぶ。以後、コンサルタントとして、数多くの企業の賃金・人事制度の改革を指導。また、賃金関係のセミナー講師や考課者訓練の講師も務める。

賃金決定の基礎知識

2018年7月18日　第1版第1刷発行

定価はカバーに表示してあります。

著　者　　武　内　崇　夫

発　行　所

㈱産労総合研究所

出版部 **経営書院**

発行者　　平　　盛　之

〒112-0011　東京都文京区千石4-17-10産労文京ビル
電話 03（5319）3620　振替00180-0-11361

©Hirokazu Katayama 1993 Printed in Japan
落丁・乱丁本はお取替えいたします。

印刷・製本　藤原印刷株式会社

ISBN978-4-86326-262-1　C2034